国家社科基金项目"林区农户生态创业机理与培育路径研究"（13CGL089）研究成果

林区农户生态创业机理与培育路径研究

薛永基◎著

北京理工大学出版社
BEIJING INSTITUTE OF TECHNOLOGY PRESS

版权专有　侵权必究

图书在版编目（CIP）数据

林区农户生态创业机理与培育路径研究 / 薛永基著. —北京：北京理工大学出版社，2019.12

ISBN 978-7-5682-7999-4

Ⅰ. ①林… Ⅱ. ①薛… Ⅲ. ①林区 – 农民 – 创业 – 研究 – 中国 Ⅳ. ① F323.6

中国版本图书馆 CIP 数据核字（2019）第 286844 号

出版发行 / 北京理工大学出版社有限责任公司
社　　址 / 北京市海淀区中关村南大街5号
邮　　编 / 100081
电　　话 /（010）68914775（总编室）
　　　　　（010）82562903（教材售后服务热线）
　　　　　（010）68948351（其他图书服务热线）
网　　址 / http://www.bitpress.com.cn
经　　销 / 全国各地新华书店
印　　刷 / 保定市中画美凯印刷有限公司
开　　本 / 710毫米 × 1000毫米　1/16
印　　张 / 13.5　　　　　　　　　　　　　　责任编辑 / 张荣君
字　　数 / 152千字　　　　　　　　　　　　文案编辑 / 张荣君
版　　次 / 2019年12月第1版　2019年12月第1次印刷　责任校对 / 周瑞红
定　　价 / 69.00元　　　　　　　　　　　　责任印制 / 边心超

图书出现印装质量问题，请拨打售后服务热线，本社负责调换

前　言

　　长期以来，我国对林区的定位为"生态涵养区"，强化对林区森林资源的保护，相对弱化对林业资源的利用。这导致拥有丰富资源的林区贫困程度要普遍高于其他地区，被称为"富饶的贫困"。本书认为，林区的自然资源比较丰富，如果能找到生态与经济的契合点，鼓励农户实施生态创业，可以实现生态富民。目前，以"分林到户"为典型特征的集体林权改革明确了林区农户对林业资源的所有权和经营权，使林区农户生态创业有了较好的基础。实践中，林区已经出现一些林区农户依托家庭或创建新的组织，通过投入一定的生产资本，围绕林业资源，扩大现有的生产规模或者从事新的生产活动，其形式涉及林下养殖（在林地里养殖鸡、鸭、鹅、蛙等）、林木加工、林业副产品（如挖竹笋、采摘林果等）、林下套种（在林中套种名贵药材等）、茶油花卉、森林旅游、经济林扩大经营等。

　　林区生态创业虽然大量存在，但仍有进一步扩大规模和提升水平的巨大空间。当然，这需要建立在理论上理清林区农户生态创业机理、实践上构建生态创业培育路径的基础上。本书在构建林区农户生态创业理论框架的基础上，采用实证研究方法分析了农户生态创业的影响因素，提出并检验了农户生态创业的机理，并构建了相应的培育路径。主要研究工作和结论归纳如下：

1. 构建了林区农户生态创业研究框架

本书通过对案例的剖析探寻林区农户生态创业所涉及的主体，以及各自扮演的角色，进而剖析各角色发挥作用的影响因素。在此基础上，分析角色通过什么样的影响因素和机理形成了创业意愿或创业行为，进而提出相应的培育路径，给出林区农户生态创业的相关建议和对策。研究框架指出，林区农户生态创业是在我国特有的文化特征下进行的，有其独特的经济和管理意义。农户生态创业围绕由"血缘"和"地缘"两个元素构成的社会资本展开，以生态情怀和环境约束为重要前提，是农户发展林区创业经济，提升收入水平的有效手段。

2. 探寻了林区农户生态创业影响因素

本书采用实证研究的方法，基于样本数据，分析了林区农户生态创业的影响因素。相关因素与生态创业关系呈现如下规律：①从环境认知角度进行实证分析后可以发现，林区农户的资源获取预期和与非农就业比较认知对林区农户的创业意向有显著正向影响；②从林区农户的个体特征角度进行实证分析后可以发现，林区农户的受教育程度、家庭年收入、家庭所拥有的林地面积、涉林手艺情况以及家庭劳动力人数等与林农生态创业呈显著正相关关系。

3. 剖析了林区农户生态创业绩效形成机理

由"社会资本——知识溢出——创业绩效"分析框架，分析由社会资本通过知识溢出对林区农户生态创业绩效影响的机理。实证分析证实,林区农户的家族资本和邻里资本可以对生态创业绩效产生直接和间接影响,且社会资本对林区农户生态创业绩效的影响存在知识溢出这一中介变量。同时,林区农户的知识吸收能力可直接或以中介变量的形式影响林区农户生态创业绩效;而知识溢出效应则可细分为显性知识溢出和隐性知识溢出。前者能直接对林区农户生态创业绩效产生影响,后者则不能对生态创业绩效发挥直接作用。

4. 剖析了林区农户创业的生态保护机理

林区农户创业是建立在生态保护基础上的创业行为。本书从自身生态态度和外部社会资本影响两个角度分析林区农户创业的生态保护机理。一方面,林区农户的生态保护行为受到生态知识、生态情感和责任意识的影响。另一方面,社会资本要素会影响林区农户在生态创业过程中的生态保护行为。

5. 构建了林区农户生态创业培育路径

培育路径分为金融扶持、技术引进和管理帮扶三条路径。通过金融扶持、技术引进及管理帮扶三个方面,可为林区农户生态创业提供资金、技术及政策保证,消除林区农户生态创业的多方面顾虑,激励其参与创业的热情,提高林区农民收入,改善林区农户生活及实现精准扶贫。同时,培育路径也为改善我国生态环境,调整产业结构,增进可持续发展与实现生态文明建设提供了保障。

6. 提出了促进林区农户生态创业的对策和建议

对策和建议分为"5个关注"和"5个打通"。"5个关注"为:关注林区教育水平,提升林区农户的创业能力;关注林区社会资本,促进林区农户集群创业;关注林区财政支持,提升政府财政的参与度和利用率;关注林区知识溢出,形成林区创业传播示范效应;关注林区劳动力,鼓励林区农户回流创业。"5个打通"为:打通技术障碍,培育创业项目；打通资本障碍，设立先导基金；打通市场通道，实现农超对接；打通区域协同，激发集群效应；打通思想禁锢，改变农户观念。

本书的创新为：

（1）提出了生态创业是破解林区生态和经济建设协调发展的有效手段，并从林区社会资本、生态情怀和环境约束等方面构建了林区农户生态创业理论框架。

（2）运用结构方程模型方法，结合林区农户问卷调查，选取政府生态创业扶持政策和社会网络知识与资源共享对个体农户认知与能力、意向、行为和绩效影响的角度分析林农生态创业的机理。

（3）基于要素供给视角，分析林区农户生态创业的相关主体，从资本、技术和管理等方面构建林区农户生态创业的培育路径。

本书是国家社科基金项目"林区农户生态创业机理与培育路径研究"（13CGL089）研究成果。本书研究内容得到了全国哲学社会科学规划办公室和北京林业大学的支持，得到了五位匿名评审专家的建议指导，参考了国内外大量学者的文献。在此，一并表示感谢。作为国家社科基金项目结题成果，项目组成员王明天、张思敏、肖婧仪、任超然、张晓铮、朱莉华、梁媛媛、李凡、刘欣禹等对本书亦有贡献。同时，本书少量内容曾发表于国内外杂志。为保持专著全貌和课题成果完整性，本书将这些内容保留。特此说明。

薛永基

2019 年 6 月

目 录

第1章 绪 论 ··· 1
- 1.1 研究背景 ··· 1
- 1.2 研究意义 ·· 12
- 1.3 研究目标 ·· 14
- 1.4 研究方法 ·· 14
- 1.5 技术路线 ·· 15
- 1.6 研究内容与主要创新点 ·· 16
- 1.7 本章小结 ·· 22

第2章 文献综述 ··· 23
- 2.1 研究的兴起与发展 ·· 23
- 2.2 林区生态建设与经济发展 ······································ 24
- 2.3 农民创业 ·· 26

2.4　生态创业 …………………………………………………… 30
　　2.5　农林业创业扶持政策 ……………………………………… 33
　　2.6　文献评述 …………………………………………………… 35
　　2.7　本章小结 …………………………………………………… 36

第3章　生态产品供给与林区农户创业：经验分析 …………… 37
　　3.1　中国林区农户生态创业的经济现象与特点 ……………… 37
　　3.2　研究框架现实基础：三个典型案例 ……………………… 40
　　3.3　基于案例经验的研究框架的提出 ………………………… 48
　　3.4　政府培育林区农户生态创业的理论解析 ………………… 54
　　3.5　研究重点 …………………………………………………… 58
　　3.6　本章小结 …………………………………………………… 59

第4章　林区农户生态创业影响因素的实证分析 ……………… 60
　　4.1　研究视角 …………………………………………………… 60
　　4.2　环境认知对林区农户生态创业意愿的影响分析 ………… 61
　　4.3　个体特征因素对林区农户生态创业行为的影响分析 …… 67
　　4.4　一个整合分析 ……………………………………………… 75
　　4.5　本章总结 …………………………………………………… 78

第5章　林区农户生态创业的绩效形成机理 …………………… 79
　　5.1　研究视角与数据来源 ……………………………………… 79
　　5.2　社会资本因素对林区农户生态创业绩效的影响分析 …… 82
　　5.3　知识溢出对林区农户生态创业绩效的影响分析 ………… 91
　　5.4　本章小结 …………………………………………………… 101

第6章　林区农户创业的生态保护机理分析 …… 102

- 6.1 研究视角 …… 102
- 6.2 林区创业农户生态态度影响生态保护行为的机理分析 …… 104
- 6.3 林区创业农户社会资本影响生态保护行为的机理分析 …… 114
- 6.4 本章总结 …… 122

第7章　林区农户生态创业培育路径构建研究 …… 123

- 7.1 构建视角 …… 123
- 7.2 机理因素与要素供应的对应分析 …… 125
- 7.3 林区农户创业培育路径的提出 …… 125
- 7.4 基于金融扶持的创业培育路径分析 …… 129
- 7.5 基于技术引进的创业培育路径分析 …… 133
- 7.6 基于管理引入的创业培育路径分析 …… 136
- 7.7 培育中存在的问题 …… 139
- 7.8 培育路径的关键环节 …… 141
- 7.9 本章总结 …… 143

第8章　林区农户生态创业政策需求与供应建议 …… 144

- 8.1 林区农户生态创业政策需求分析 …… 144
- 8.2 政策供给建议 …… 150
- 8.3 本章小结 …… 157

第9章　结论与研究展望 …… 158

- 9.1 主要结论 …… 158
- 9.2 研究展望 …… 160

9.3 本章小结 ……………………………………………… 162

附录　调研问卷 ……………………………………………… 163
　林业创业调查问卷（一）……………………………………… 163
　林区农户创业调查问卷（二）………………………………… 167

参考文献 ……………………………………………………… 173

第 1 章 绪 论

农户生态创业有助于林区生态环境保护，在带动林业产业快速发展的同时，促进了人民生活水平的提高，推动了经济的发展，引起了人们的广泛关注。本章主要介绍林区农户生态创业的研究背景、研究意义、研究目标、研究方法、技术路线、研究内容和主要创新点。

1.1 研究背景

1.1.1 林权制度改革为林区农户生态创业奠定了良好基础

自中华人民共和国成立以来，林权制度改革大致可以分为五个阶段，分别是土改时期、农业合作化时期、人民公社时期、改革开放时期以及2008年起至今实施的林权制度改革，如图1-1所示。

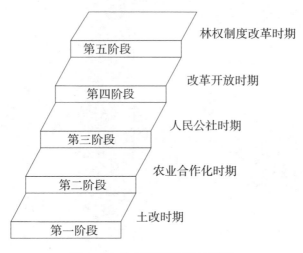

图 1-1　林权制度改革的进程

随着林权制度的改革，林地承包到户后，农户们拥有了林地承包经营权和林木所有权，生产积极性得到了很大的释放，潜能得到了最大限度的挖掘。同时，由于农户的参与，林区保护力度不断扩大，林区乱砍滥伐的现象大幅度减少，全家出动展开护林工作，相互合作护林、昼夜护林的现象也时有发生。农户们真正实现了把林区作为自己的资产，对于实现资源增长、农民增收、生态良好、林区和谐的目标具有极大的促进作用，进一步促进了林区生态的发展，为林区农户生态创业奠定了良好的基础。林权制度改革对于林区农户生态创业的重大意义主要体现在以下几个方面。

第一，林权制度改革完善和巩固了家庭承包经营制度，激发了农民的创业热情。土地是生产资料的重要组成部分，也是生产力的基本组成要素。在保持林区土地所有权不变的情况下，把林区土地分给农户，使得农户们真正拥有了土地的所有权、处置权和收益权，这实现了家庭承包责任制从之前的耕地向现在的林地的过度，丰富和完善了农村基本经营制度。这使得农户的林地所有权得到有效地保障。同时，制度的完善使得农民创业的风险相对降低。出于自身经济利益的考量，林权改革激发了农民利用林区土地创造自身财富的愿望，大大提高了农户创业的热情，更深入挖掘了农户潜在的积极性，对于林区农户创业有着重要的意义。

第二，林权制度改革解放和发展了生产力，促进农民增收，为林区农户生态创业奠定了资金基础。长期以来，林区农户虽然生活在生态环境良好的林区，但农民知识贫乏、与外界接触少，且长期处在贫困的环境中，不利于生态创业的发展。林权制度改革改变了农民贫困的现状。一方面，"分林到户"后，农民可以通过流转、销售部分林木实现收入的增加；另一方面，农民可以通过抵押林地、林木获得贷款。这样，长期以来困扰农村发展的资金问题得到了有效的解决，实现了我国林业发展史和金融发展史上的重大突破。林区农户有了一定意义上的原始积累，使他们通过经营、入股、抵押等方式不断扩大资本成为可能。在创新创业活动中，资金支持起着关键的作用。因此，解决林区农户资金困难对于农户创业的发展具有重要的现实意义。

第三，林权制度改革促进了各种生产要素纷纷涌向农村，使得林区经营的生产技术、管理理念等软实力逐步提升。林权制度改革创新了林业体制机制，完善了强林惠林政策体系，激活了森林资源资产，增强了林业发展活力和吸引力。一方面，林区的发展壮大需要先进的生产要素。在林区经营一天天发展起来的同时，对于资金、技术和管理等各种生产要素的要求变得更高，需求更加的强烈。另一方面，有良好政策的保障，社会资金纷纷涌入。各个组织单位在良好的制度的扶持下，纷纷涌入林区进行创业，在硬件涌入的同时带来了各种软实力，引进了各种先进的技术、管理等生产要素方面的先进的理念。这样，在林区创业的组织有了新鲜血液的注入，各种生产要素的形式逐渐完善起来，逐渐摆脱了落后的生产模式，实现了良性发展。越来越多社会组织的涌入，促进了林区经济的健康发展，为今后的林区生态创业奠定了良好的基础。

第四，林权制度改革在促进经济增长的同时保护了生态，促进了经济增长和生态环境保护的协调发展，实现了林区农户生态创业的良性循环。林权改革的实施，使得林区农户纷纷从"要我造林"转向"我要造林"，造林面积维持在较高水平，如图1-2所示。林权分给农民所有后，林区真正成为农民的资产，由过去少数人关注林业转变为大家携起手来一起干，积极忙碌于林业产业事业。农民们纷纷为了保护自己的林区建设，采取一些自发性的保护行为，出现了全家护林、合作护林、昼夜护林等保护林区生态环境的景象。林权改革后，没有再出现过去担心的乱砍滥伐现象，森林火灾发生次数、受灾损失明显下降。同时，许多地方将林改作为加快转变经济发展方式的重要抓手，着力通过林权制度改革把生态优势转化为经济优势，把绿水青山变成

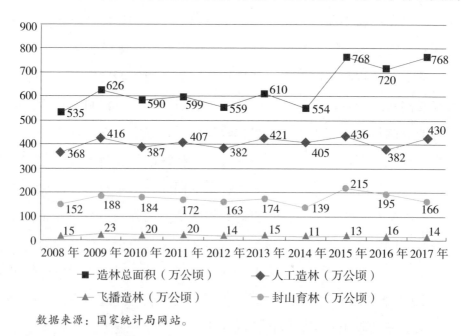

数据来源：国家统计局网站。

图1-2 我国造林面积走势图（2008—2017年）

金山银山，逐步走上了循环经济、绿色经济、低碳经济的发展新路。林区生态环境得到了应有的保护，这样对于林区农户利用天然的林区资源进行创业也提供了良好的资源。在经济发展的同时，生态得到了有效保护，真正实现了经济增长和生态环境保护的协调发展，使得林区农户生态创业实现了良性循环。

1.1.2 "大众创业、万众创新"在全国范围内广泛展开

随着科技的进步，经济的发展，各行各业的竞争越来越激烈，生存压力越来越大，失业现象屡见不鲜，创业逐步成为人们竞相追随的话题。推进大众创业、万众创新，是推进我国人民增收、经济增长、社会和谐和国家富强的强有力的动力。近年来，国家大力支持创新创业，出台了一系列的相关政策。创新创业的号召开始于2013年10月一次国务院常务会议。会议强调，要激活社会资本力量，支持小型、微型企业的成长，特别要支持创新型企业的发展和成长，以此带动就业，促进新型生产力的发展。此后，创新创业引起了政府和各界的广泛关注，掀起了新的时代潮流。

李克强总理关于这一话题发表多次讲话，表达了对这一改革的大力支持。李克强总理第一次提出"大众创业、万众创新"是在2014年举行的天津夏季达沃斯论坛上，强调要借鉴改革创新的"东风"，在拥有13亿中国人民的土地上鼓励创新创业，掀起创新创业的新的浪潮，形成新的创新创业时代风貌。2015年3月29日李克强总理在视察国家工商总行政管理局时发表讲话，强调要以"大众创业，万众创新"培育经济增长新动力，把中国人民的积极性和创造性调动起来、激发出来、释放出来，撑起发展新未来，让中国经济始终充满活力。2015年7月27日，李克强总理在出席国家科技战略座谈会时，提到要推进"大众创业，万众创新"，激发人民群众无穷智慧和创造力。"大

众创业，万众创新"的推出，就是为了激发我国广大人民的无穷智慧和创造力，使人民群众依靠创业自立起来，依靠创新走的更远，在现代化进程中真正实现通过辛勤的劳动和智慧走上富裕的道路，实现人民富裕，国家富强。2015年10月19号，李克强总理在出席首届"全国大众创业万众创新活动周"开幕式时，发表重要讲话。他指出，持续深化大众创业万众创新这一结构性改革，努力打造发展新引擎。我国发展进入了新常态，处在发展方式和新旧动能转换的关键时期，我们要以大众创业万众创新来激发全社会创造力，打造经济新常态下发展的新引擎。2016年5月李克强总理在考察新疆就业中指出，就业和创业紧密相联，创业就业的环境要创造好，加强创新驱动发展战略的大力实施，不断推动创新创业的发展。

自2014年以来国务院以及相关部门相继出台了一系列加强"创新创业"的政策。2014年2月7日，国务院关于印发《注册资本登记制度改革方案》下达了相关通知，旨在进一步放松对市场主体准入的管制，降低门槛，优化营商环境；改革监管制度，转变监管，加强信用监管，发展协同监管，提高监管的效率；加强市场主体信息公示，扩大社会的监督。这样也降低了创新创业的要求，提高了保障，降低了风险。吸引大部分有创新创业梦想的人们纷纷加入这个浪潮。2014年5月9日，国务院办公厅关于做好2014年全国普通高等学校毕业生就业创业工作下达了相关通知，要重视、鼓励毕业生创业，鼓励小微型企业吸纳高校人才，创造公平的环境，加强高校毕业生就业创业工作的组织领导。2014年10月底，国务院对于扶持小型微型企业健康发展方面问题下达了意见，指出通过资金引导、税收优惠、把专项资金投入到小型企业创业基地、缓解就业困难人员就业压力、支持高校毕业生到小微型企业工作、建立互联互通机制、公共服务平台的建设等相关支持政策,切实扶持小微型企业的利益,吸引了大量的创业人员的涌入。2015年4月27日,国务院对于进一步做好新形势下就业创业工作提出相关意见,主要内容包括,大众创业万众创新能增加人民的收入,促进全国经济增长,提高我国的综合实力,对于产业、企业、分配等许多方面起到了结构优化的作用,把就业和创业结合起来,以创业带动就业。2015年5月4日,国务院办公厅下达了关于深化高等院校创新创业教育改革的实施意见。2015年6月底,国务院关于大力推进大众创业万众创新若干政策措施提出相关意见,意见表明为了切实完善相关体制机制,创建出对于全国人民优惠的政策扶持体系。

  由表1-1可以看出,农村居民人数在绝对数值和相对比例上都有所下降。这样一来,一方面,生活在林区的林农人均林地面积有所增加,给林区农户创业提供了一定程度的物质基础;另一方面,虽然在人口分布上农村人口有下降的趋势,但仍然占比较大,全国经济想要实现大跨步发展,必须加快农村经济的发展。2015年,李克强总理走访河南的长葛、郑州、新郑等地,参观了农民创业园,指出会为百姓创造良好的政策环境,鼓励百姓回到家乡创业,建立"产城结合"的新型城镇化。2015年6月中旬,李克强总理主持召开国务院常务会议,要大力支持农民工返乡创业,为大众创业万众创新注入新鲜的血液,增添新动能。目前,国家相关部门也在大力推进农民创新创业,鼓励广大创业人员投入到农村创新创业的发展中去,并出台了相关政策。2015年3月30日,农业部办公厅《关于加强农民创新创业服务工作促进农民就业增收的意见》,指出要认识到农民创新创业工作的重要意义,正确把握相关要求,落实推动相关政策,搭建示范基地,强化指导提供服务,探索合适的融资模式等。2015年7月27日,农业部下发《关于实施推进农民创业创新行动计划（2015-2017）的通知》，旨在贯彻落实国务院相关政策。2015 年 10 月 28 日，农业部办公厅、共青团中央办公厅、人力资源社会保障部办公厅《关于开展农村青年创业富民行动的通知》提出积极发挥了农村青年在创业创新活动中的作用，促进了农业的发展，农民的致富等。2019 年 4 月，中共中央、国务院《关于建立健全城乡融合发展体制机制和政策体系的意见》，着力破解农村创新创业的关键难题。

表 1-1 城镇、乡村居民人口分布

年份	城镇居民人口（万人）	乡村居民人口（万人）	总人口（万人）	城镇居民占比（%）	农村居民占比（%）
2008	62 403	70 399	132 802	46.99%	53.01%
2009	64 512	68 938	133 450	48.34%	51.66%
2010	66 978	67 113	134 091	49.95%	50.05%
2011	69 079	65 656	134 735	51.27%	48.73%
2012	71 182	64 222	135 404	52.57%	47.43%
2013	73 111	62 961	136 072	53.73%	46.27%
2014	74 916	61 866	136 782	54.77%	45.23%
2015	77 116	60 346	137 462	56.10%	43.90%
2016	79 298	58 973	138 271	57.35%	42.65%
2017	81 347	57 661	139 008	58.52%	41.48%
2018	83 137	56 401	139 538	59.58%	40.42%

数据来源：国家统计局网站。

1.1.3 林区农户创业蓬勃发展

林权制度改革使得林区农户拥有了林地承包经营权，拥有了处置林地和获得收益的权利。在此基础上，林区农户纷纷在林地上开展了不同程度的创业活动，如开展林下种植、种苗培育、竹藤花卉、木本粮油、森林旅游以及林下养鸡、养蜂等。目前，林区农户创业种类繁多，发展形势良好，这能从林业产值中清晰看出。从 2008 年至 2018 年的数据来看，经济林产品与采集业、木材加工及木竹制品制造业、林业旅游与休闲服务业等林业产业呈逐年增长态势，对于促进农民收入有很大的促进作用（见图1-3和图1-4）。

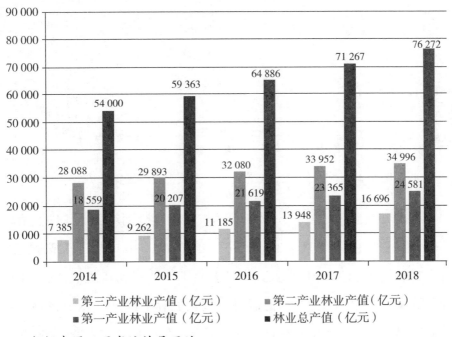

数据来源：国家统计局网站。

图1-3　全国林业总产值及其分布

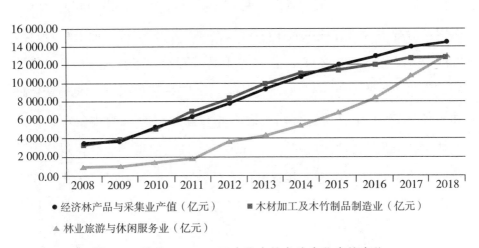

图1-4　林业一、二、三产业中的龙头产业产值变化

年份	经济林产品与采集业产值（亿元）	木材加工及木竹制品制造业（亿元）	林业旅游与休闲服务业（亿元）
2008	3 456.34	3 232.33	689.64
2009	3 903.20	3 929.28	965.23
2010	5 158.19	4 994.43	1 310.37
2011	6 319.87	6 789.16	1 863.07
2012	7 751.89	8 233.95	3 522.55
2013	9 240.37	9 973.33	4 249.65
2014	10 728.04	11 028.95	5 321.24
2015	11 948.81	11 495.30	6 758.95
2016	12 875.44	12 038.70	8 310.25
2017	13 922.57	12 758.97	10 676.00
2018	14 492.00	12 816.00	13 044.00

数据来源：国家统计局网站。

图 1-4　林业一、二、三产业中的龙头产业产值变化（续）

目前，全国各地农民纷纷利用林权改革机会创新创业，创业活动蓬勃发展。2016 年北京 1 330 万亩[①]集体林地，其中超过八成是生态林。2016 年 3 月起，北京家庭林场试点工作取得初步进展，有 64 户农户成为了"林场主人"，他们将通过发展林下经济、休闲旅游、生态养殖等方式，盘活生态林这一绿色资源。在这 64 户"林场主人"中，股份制家庭林场 1 家，单一家庭林场 11 家，合作家庭林场 2 家。从 2016 年至今，试点区域内就陆续种植山姜、苦参、油葵、黄芩、柴胡、金银花等林下经济作物共计 1 645 亩，月季等景观植被增加了 6 000 株，林间散养柴鸡 5 000 多只。"浙江省十县百万亩竹产业效益提升工程"给竹农带来一个新增长点，通过从福建、广东等地引入 118 种新竹种和规模繁育 10 余种优良经济竹种，不仅丰富了浙江竹类资源，使产业的可持续发展的物质基础有了保障，而且还使得产业结构得到了优化，产业层次得到了进一步提升。在衢江区全旺镇，笋农余正中在自家的 10 亩毛竹林开展技术示范后，冬笋亩产量达到了 1 000 斤，按平

---

① 1 亩 ≈ 666.7 平方米。

均售价10元/斤计算，光冬笋一项就为其实现增收10万元以上。总面积118万平方公里的内蒙古自治区，全区荒漠化土地面积60.92万平方公里，占全区总面积的51.5%。2011年，按照《阿左旗营造生态防护林优惠政策》，侍明福等牧民投资30多万元，种植了8 000亩梭梭。3年后，梭梭成活率达到70%以上，拿到了48万元造林补贴。同时，他在梭梭上嫁接肉苁蓉，一次投入多年受益。如今，侍明福栽种了2.3万亩梭梭，已接种肉苁蓉2万亩，产出肉苁蓉5 000多亩。2015年收获10多吨肉苁蓉，收入近80万元。甘肃省平凉市庄浪县委、县政府紧紧抓住全国苹果优势产区的区位优势，确立苹果产业强县战略。预计到2020年全部进入盛果期之后，全县农民仅苹果产业一项人均收入将达万元，让农民捧着苹果，追梦小康。四川省将在四大片区中的81个县（市、区）的6 180个贫困村，进行林业产业基地建设布局，其中56个县（市、区）的4 470个贫困村重点发展林下经济。四川省林业厅厅长尧斯丹表示，借助林业科技扶贫，到2020年，四川林业总产值力争突破5 000亿元。届时，四大片区内的88个扶贫攻坚重点县人均林业年收入突破1 700元，其中重点贫困村农民人均林业年收入2 200元。近年来，河南省淅川县不断创新模式，助推生态产业、脱贫产业和旅游产业等林业产业快速发展，2015年全县林业产值达12.5亿元。河南省淅川县强力推进林业生态产业的发展，将当地800多名农民工变为产业工人，当地农民年人均收入增加5 000多元。同时，该县培育脱贫产业，毛堂乡老坟岗村依托森雨香菇种植农民合作社，按照公司+农户+基地形式，实施到户增收项目，2016年扶持贫困户新发展袋料香菇200万袋，产值2 000万元，实现净效益400万元，助推1 300人贫困人口脱贫。该县融合旅游产业，发展观光、休闲、度假等乡村旅游，在景区景点周围新建农家乐餐馆200多家，解决 8 000 多人就业。如今，旅游业已成为带动淅川群众脱贫的重要产业。

1.2 研究意义

以"分林到户"为典型特征的林权制度改革被誉为我国林业领域的一次生产力大解放。Lunnan 等人（2005）曾指出制度改革往往会引发新的创业高潮，对于我国林权制度改革后的林区农户创业的研究这一点同样适用。当前"大众创业、万众创新"在全国范围蓬勃展开，创新创业渗透到各个领域，对林区农户生态创业的研究具有重大的意义。一方面林区农户是占比较大的群体，他们的创业缓解了就业压力，促进了农民增收，有利于国家经济的发展。另一方面，生态创业将林区生态建设和创新创业相结合，促进环境保护和经济增长的协调发展，有利于区域可持续发展。

1.2.1 理论意义

创新创业在全国范围引起了广泛的关注，国家出台一系列相关政策支持创新创业，但传统意义上的创业理论一般仅仅涉及到企业的创业，在企业创新创业领域研究相对成熟。但农户作为相对特殊的群体，收入普遍较低，生活水平普遍较低，生活环境也相对闭塞，文化程度相对较低，普遍意义上的创业理论一般在农户身上不适用。具体到林区农户，他们生活在林木生长较多的地区，相对于其他农户而言，有着天然的环境优势，其特殊性就更加明显。因此，理论上需要对林区农户进行特殊的分析，探索其生态创业的一般规律和运行机理。目前，国内外学术界专家对农业、农民、农户的创新创业有所研究，但在这个领域研究相对不成熟。本研究通过对国内外相关文献研究总结和归纳，发现与林区农户生态创业相关的研究文献一般集中在农户创业、生态创业、林区生态建设三个方面，这些研究大多集中在定性的研究，通过定量分析从而剖析农户生态创业机理的文献还相对较少。

基于以上考虑，本研究旨在通过对林区农户生态创业的影响因素进行实证分析，进而针对这些影响因素进行机理分析，最后按照相关的分析结果，提出对应的培育路径。通过定性研究与定量研究相结合的方式，本研究得以提出更具参考价值的机理分析，构建林区农户生态创业的理论框架，为后面学术研究创新指明方向，并具体指导农户创业实践。

1.2.2 现实意义

一方面，林区多是贫困地区。林区农户创业是农民摆脱贫困现状的重要途径之一。中国拥有多达 2.08 亿 hm^2 的林地资源（数据引自国务院新闻办公室），形成了很多林业资源相对集中的地区。这些地区通常气候宜人、环境秀丽、自然资源丰富，相对"富饶"，但生活在这些地区的人民却长期处于极度贫乏之中。林区交通不便、电网设施落后、网络建设滞后等客观因素，以及农户知识贫乏、经营能力不高、缺乏经验等主观因素，造成林区发展相对缓慢，我们称之为"富饶的贫困"。

另一方面，相关扶持政策尚不完善。林权制度改革确实在一定程度上解放了林业生产力，调动了林农创业的积极性，但是相应的配套政策还不成体系，做法尚不成熟。同时，我国存在林业管理模式相对单一、经营机制不够灵活等体制性障碍，这些给我国林业的发展造成了一定的阻碍，因此出现了经营主体不明确、林区农户积极性不高、产权不明晰等一系列的问题，这给我国林业的发展形成了很大的阻碍。

随着林权改革制度的不断完善，林农积极性有了很大的提高，相关配套政策也在逐步完善。

基于以上考虑，本研究在梳理大量文献的基础上，指出鼓励林区农户创业，尤其是生态创业，能够促进林区生态建设和经济增长的协调发展，增加农户收入，使农户摆脱长期的贫困困扰。本研究在实践层面为政府制定精准扶贫政策提供参考，为农户开展创业活动提供现实指导。

1.3 研究目标

本研究立足于林权制度改革的变革背景，系统研究这一制度引致下的林农创业问题，预期达到以下目标：

（1）厘清生态产品供给与林区农户生态创业之间的关系。

（2）明晰林区农户生态创业的影响因素。

（3）剖析林区农户生态创业的机理。

（4）建立林区农户生态创业的培育路径。

（5）在培育路径的基础上，提出相应的对策建议。

1.4 研究方法

本研究采用规范研究和实证分析相结合的方法，包括访谈法、实证分析法和多学科交叉的规范性分析方法（博弈论方法等），具体研究方法及其对应内容如下。

1.4.1 访谈法

访谈法是指以访员和受访人面对面地进行交谈的形式来了解受访

人的心理和行为的心理学的一种基本研究方法。根据研究问题的性质、目的和对象等不同，访谈法具有不同的形式。本研究采用的访谈法包括以下几种：焦点小组访谈、深度访谈、企业访谈和政府决策部门访谈等。通过访谈的方法，可以有效地发现影响林区农户生态创业的相关因素，为后续机理分析、培育路径构建奠定良好基础。

1.4.2 实证分析法

实证分析法是指立足于当前的社会或学科现实，根据相关的事例和经验等从理论上进行推理说明。本研究在探寻林区农户生态创业的影响因素时主要采用实证分析法。在实证分析中，本研究借鉴了国内外创业意向影响因素研究的成熟量表，结合林区农户生态创业的实际，提出研究假设，收集相关数据，进而检验林区农户创业影响因素及其路径关系。本研究中具体用到的实证方法包括以下几种：因素分析、相关分析、多元回归分析、结构方程模型等。

1.4.3 规范性分析方法

规范分析法是指以公认的价值标准为依据，阐述并说明经济运行中应该具有的规律性和结果，说明一般社会如何研究和处理这类问题。本研究运用系统分析法、演化分析法和逻辑演绎法等进行了理论框架的构建，再通过归纳演绎和系统分析方法提出了培育路径和培育机制，最后构建了林区农户生态创业的政策体系。

1.5 技术路线

本研究的技术路线如图 1-5 所示。

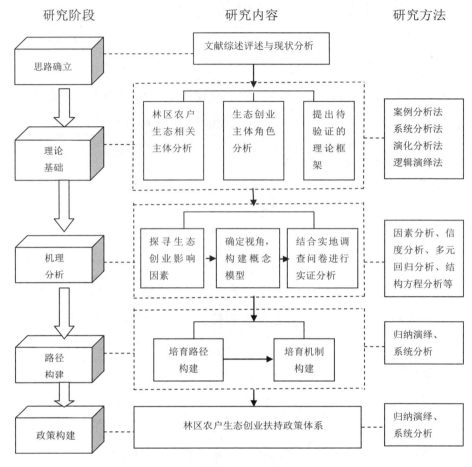

图 1-5 技术路线

1.6 研究内容与主要创新点

1.6.1 研究界定

1. 林区与林区农户

参考李周等（2004）学术文献的标准，本研究将林区界定为人均林地面积不小于 0.31 公顷，人均林木蓄积量不低于 10 立方米的地区。

在我国，虽然农民数量较多，但农民群体类型各不相同，由于群体差异所造成的能力、特质和创业初始资源也不尽相同（马鸿佳，2011）。传统的林区农户都是依靠林木的生产和消耗而得以生存，但林区位置往往较为偏远，交通不便，基础设施较差，水、电、网络等往往不能铺设，导致发展滞后，经济水平相对落后（李凡，薛永基，2016）。传统林业生产所需的农机设备较少，一般采用互助形式进行，因此林农间合作较好（冯潇，薛永基，2017），林农居住也常是世代为邻，交往范围较为固定，因此相互间信任度较强（薛永基，2015）。

因此，本研究将林区农户（以下简称林农）定义为，居住在林区范围内，以林业生产为生，居住和交往范围都较为固定，相互之间具有互助精神，对彼此行为能产生示范作用的个体。

2. 农户创业

"农民创业""农户创业""农业创业"等用语都在文献中有所体现。因此，如果要正确理解"农民创业"，就应该对现有的农民创业的研究内涵进行梳理和提炼。因此，在讨论农村或城市创业之前，研究"谁是创业者"的问题有助于深入考虑"创业"这个词的含义。在近几十年的研究中，大多回避了对于"创业者"清晰的研究定义。在相关研究中，对于创业者的定义十分广泛。Davidsson（2009）将创业研究领域描述为具有"身份危机"的领域。不管是农民还是非农民创业者，虽然有许多小企业主认为自己是创业者，但是事实上经营小企业和成为创业者是不一样的。管理组织者需要拥有成为创业者不同的技能和能力。例如，企业的长期运营成功需要管理技能，而创业者则总是离不开创新技能。

创业在概念上难以界定的主要原因之一是由于"创业"从未取得研究领域中的独立地位。研究人员通常将其视为各种不同学科（如经济学、管理学、社会学和心理学等）的一个子集。每个学科对创业研究都有不同的研究角度，因此这也使得创业研究看起来更为分散。但是，这些不同学科的研究共性在于，他们都认可创业者与非创业者是不同的。创业研究的分散性也意味着创业的广泛性，它涵盖了一系列行为，包括态度、动机和活动等。Davidsson（2009）指出，创业者与其他任何一群人一样，都具有多样化的特性。因此很难去描述一个典型的创业者，至少目前还没有发现心理或社会学特征能准确预测谁会成为创业者或擅长创业。同样，也没有任何特征可以将某些人从成功的创业中绝对排除掉。

基于农民创业的研究背景，农民创业者的"身份危机"更加明显。目前绝大多数的创业研究都是在城市地区进行的，并且这些研究大都十分关注一些高增长的企业家（如硅谷，一些高增长、高科技创业模式成为创业榜样）（Saxenian，2002）。Gartner（1990）实证研究了什么才被认为是创业者的核心特征，他发现其中最常见的有：创造新业务，发展新业务，创造增加价值的新业务。Davidsson（2009）为创业中的"创新"增加了更精确的概念，他将新产品分类为新产品或新服务，产品和服务的捆绑，或价格/价值关系（基于更好的价格，速度或质量的竞争）。对于农民创业研究来说，"谁是创业者"的有效定义必须足够广泛，足以纳入农村地区发现的动机和商业类型的多样性，还要注意将之与职业经理人和非企业家个人区分开来；同时更为重要的是，要注意农民创业环境的特殊性和复杂性，并且关注农民创业主体与农村创业环境的交互作用下形成的特殊情境。这也是农民创业之所以区别于一般创业类型的重要判别基础。

结合以上认识，农户创业可以定义为：农户依托家庭组织（或家庭组织联合体）、合作社、公司等形式开创新事业或扩大原有事业，投入某些生产资本要素，依托农村资源，扩大原有的生产规模或者开辟新的生产领域，最终能够提供新的产品或服务、或价值/价值关系，并为该区域的市场增加价值，其内涵整合框架如图1-6所示。GEM将开创新事业或扩大原有事业的时间界定为42个月（3年半），即某一事业开始42个月内为创业。结合农林业的特点，本研究将创业的时间界定为5年（60个月）。

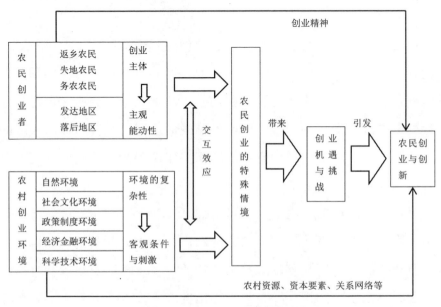

图1-6　农民创业内涵的整合框架

3. 生态创业

借鉴相关文献（Marsden and Smith，2005），本研究将生态创业界定为能够促进生态环境发展，至少不损害生态环境基础上的创业。具体到林区农户，生态创业主要是指农户开展林下养殖、林木加工、林业副产品生产、林下套种、生态旅游、经济林种植等经营活动。

1.6.2　研究内容

第1章，绪论。介绍研究的背景、意义、目的、方法和技术路线，对研究内容和主要创新点进行简要说明。

第 2 章，文献综述。在梳理国内外相关文献的基础上从农林业创业研究的兴起、林区生态建设与经济发展、农民创业、生态创业等多个方面对这一领域的现有研究进行了整理和回顾，并在对研究现状进行评价的基础上对未来研究进行了展望，指出了构建林区农户生态创业理论框架、探寻农户生态创业机理、构建农户生态创业培育路径是未来研究的重点。

第 3 章，生态产品供给与林区农户创业：现实基础。通过对案例的剖析探寻林区农户生态创业所涉及的主体，以及各自扮演的角色，进而剖析各角色发挥作用的影响因素。在此基础上，分析角色通过什么样的影响因素和机理形成了创业意愿或创业行为，进而提出相应的培育路径，给出林区农户生态创业的相关建议和对策。研究框架的提出为后续的研究奠定了基础。

第 4 章，林区农户生态创业影响因素的实证分析。基于"意愿——行为"分析框架，以实地调研的林区农户样本为研究基础，运用多种实证分析方法，分别从林区农户个体特征角度、林区农户社会资本因素角度、林区农户知识获取与吸收等角度多方位全面的分析了影响林区农户生态创业意向的因素。

第 5 章，林区农户生态创业的绩效形成机理。按照研究设计，本研究主要通过对机理的揭示提出相应的培育路径。因此，本研究选择社会资本视角分析林区农户生态创业的绩效形成机理，即绩效的取得是由一系列社会资本综合作用的结果。同时，社会资本影响创业绩效取得的过程，也是知识溢出的过程。本研究构建"社会资本——知识溢出——创业绩效"分析框架，分析由社会资本通过知识溢出对林区农户生态创业绩效影响的机理。

第6章，林区农户创业的生态保护机理分析。按照一般逻辑，林区创业农户对生态进行保护受两个因素的影响。第一，创业农户受自身生态态度的影响，也就是自身的认知。第二，创业农户受外部社会资本的影响，即受来自家族、邻里或政府外部压力的影响。基于这一认识，本研究从生态态度和外部影响两个角度分析林区农户创业的生态保护机理。

第7章，林区农户生态创业培育路径构建研究。对林农创业影响因素及其林农生态创业机制分析的基础上，简述了林区农户生态创业路径培育的必要性，阐述了理论基础，提出了培育路径的构建，并从金融、技术、管理三个方面着重对培育路径进行了分析，最后提出了构建培育路径中存在的问题，并在构建的关键因素里给出了相应的解决方案。进一步论证了林区农户生态创业培育路径构建的重要性。

第8章，林区农户生态创业政策需求与供应建议。在培育路径的基础上，本章结合影响因素和创业机理分析，进一步探索林区农户生态创业的政策需求，并就政策供给提出相应建议。

第9章，结论与研究展望。对整个研究进行全面总结，概括出本研究的主要研究结论，并在指出本研究不足的基础上对未来的相关研究提出建议。

1.6.3 主要创新点

本研究的创新为：

（1）提出了生态创业是破解林区生态和经济建设协调发展的有效手段，并从林区社会资本、生态情怀和环境约束等方面构建了林区农户生态创业理论框架。

（2）运用结构方程模型方法，结合林农问卷调查，选取政府生态创业扶持政策和社会网络知识与资源共享对个体农户认知与能力、意向、行为和绩效影响的角度分析林农生态创业的机理。

（3）基于要素供给视角，分析林区农户生态创业的相关主体，从资本、技术和管理等方面构建林农生态创业的培育路径。

1.7　本章小结

本章梳理了研究背景、研究意义，在此基础上提出了本次研究的主要问题，并阐述了研究目的和研究方法，理清了本次研究的技术路线，对研究内容和研究的创新点进行了简要的总结。本章为接下来的研究理清了思路。

第 2 章 文献综述

本研究是在相关研究基础上进行的。基于研究设计，本章从林区生态建设与经济发展、农民创业、生态创业、农林业创业扶持 4 个方面对现有文献进行梳理。

2.1 研究的兴起与发展

进入 21 世纪以来，内需经济成为经济研究的热点，学术界开始对农村发展、农业成本降低和农户创业行为给予关注（Lahti，2005），而农户创业行为在农林业也逐步开展起来（Penttinen et al.，2009）。相对于其他领域创业活动的蓬勃发展，农林业领域的创业研究比较少，但这个领域的问题正逐步得到更多的关注（Högnäs，2000；Hultåker，2006；Xue and Liu，2015）。Rametsteiner 及其合作者针对中欧国家的农林业创新和创业开展了一项非常广泛的调查（Rametsteiner et al，2005）。随后，在一个"林业政策和经济"的国际研讨会上，有关林业创新和创业的一系列问题也得到了广泛讨论（Unsitalo，2006）。但是农林业生态创业的研究起步较晚，自 Marsden and Smith（2005）提到生态创业在农林领域的应用以来，学者们才开始关注这一问题。目前，该领域研究主要集中在林区生态建设与经济发展、农民创业、生态创业、农林业创业扶持 4 个方面。

2.2 林区生态建设与经济发展

不适当的社会经济活动（如林区野生中草药的过度挖掘）对生态环境造成了破坏，但生态建设与社会经济发展是可以共生的（Cao，2011）。O'Leary et al.（2006）指出，只有综合协调地从生态角度考虑政府有关经济、社会和生态的政策，林业才能更好地服务于经济、社会和生态发展。在处理生态建设与社会经济发展的关系上，应做好生态建设与社会经济发展的平衡。为此，Gosselin（2008）提出应重新定义生态工程，以促进它与可持续发展的整合，以及与整个生态链的联系。张蕾（2005）认为，实施生态建设、发展林业能够为实现经济发展模式的生态化创造条件，为生态经济发展带来广阔前景。郑文松（2010）认为，林业生态建设应该建立多目标发展、参与式发展、注重生物多样性、全过程管理等理念。可见，学者们普遍认为，生态建设与经济发展的矛盾是可以协调的。

诸多学者研究了促进林业发展与生态建设、经济增长和社会效益协调发展的对策。赵德利（2013）以黑龙江为例，从生态、经济和社会效益等方面分析了伐根的利用价值和开发潜力，指出对伐根的开发利用有利于林区的生态建设，可以最大限度地挖掘资源潜力、提高林地生产力和增加职工收入。为此，应在技术、管理、资金等方面加大投入力度，以促进资源最大限度利用。袁晓波（2012）提出通过确定合理造林时间、保证苗木质量、提前精细整地、科学苗木栽种技术、保持苗木水分、加强林地管护工作等科学措施提高林地成活率，来加强林地生态建设。吴挨旺（2013）从造林规划、树种选择、造林时间和造林方法几方面对"双百"精品工程造林技术进行了探讨，以期为工程建设提供参考。庞立娜、连卢巧（2014）通过研究森林经营改革和林区生态建设的关系，提出把森林经营中的生产性和生态型相结合，实现森林经营的可持续发展，促进林区生态建设的可持续发展，实现生态建设和社会效益的协调发展。李莉（2014）通过辽东山区林下经济发展模式及规划措施的研究，总结了适合辽东山区林下经济发展模式，建议依靠科技，解决关键环节。闫浩（2016）提出，林业生态工程建设是加大森林保护力度和促进林业经济持续发展的有效途径。因此，应加大现有森林的科学经营规划，调整森林的格局配置，以实现林区生态环境改善，林区聚集区生态与经济效益协调发展的目的。霍霈（2015）指出突出区域特色是林区经济发展的关键，而协调林业产业发展和生态建设之间的关系是林区经济发展的重要环节。白波（2005）指出应大力发展非林非木为主的替代产业，实现以林木经营为主向生态战略实施的发展转型，构建人与自然相和谐的林区社会。王玉芳、杨凤均、周妹和刘华根（2016）分别构建大小兴安岭国有林区生态建设水平和经济转型能力评价指标体系，并运用主成分分析法和因子载荷分析法，根据2012年的相关统计数据，对大小兴安岭国有林区25个林业局的生态建设水平和经济转型能力进行了评价和分析，指出国有林区在未来的发展中应该将经济转型和生态建设紧密结合，以经济转型促进生态建设，加强生态建设以保障经济转型的顺利发展，不断促进生态经济协调发展。

发展林下经济为林区生态建设带来了新的机遇。曾红英（2016）

立足于四川省简阳市的实际情况,分析森林资源保护与合理发展林下经济的辨证关系,探讨具体的有效措施,包括加强林产品的开发、因地制宜发展森林旅游业、促进林区生态建设、设立专门的组织机构等,旨在开创林下资源发展的有效途径。景丽杰(2010)通过对黑龙江省林业生态建设的研究,提出"以林养林"的发展思路,充分利用周边生态环境,结合经济效益目标,合理利用林下资源,实现经济生态的协同发展。

发展林区生态产品,为林区生态建设提供了新的动力。宋阳(2008)指出应加强林区生态制度体系建设,推动林区生态建设。梅子侠、孙鸽(2015)指出在社会主义新林区建设中,应把生态制度建设纳入大小兴安岭林区整体生态文明建设规划,以制度的合力达到"源头严防、过程严管、后果严惩"的林区生态保护目标。制度应包括价值目标教育认知制度、物质基础经济支撑制度、动力支柱科技驱动制度、制度管理监督保障制度。孙长林、张彬(2009)提出全面推进林权制度改革,加快阔叶红松林恢复。通过对阔叶红松林的恢复提出相关对策,以期加强林区生态建设,促进生态建设和发展。郑非(2011)提出林权改革后,要做到既鼓励林区农户种树护林的积极性并促进其增收,又维护生态和谐。

2.3 农民创业

农户创业的影响因素可分为农民个体特征、农户家庭特征、政策与制度因素、市场因素和地域环境5个方面。具体为:第一,个体特征。Alsos et al.(2011)、Mauceri et al(2005)研究证实农户采纳新技术与农户户主教育程度存在正向相关关系。朱红根等(2015)利用回归模型实证分析了农民工返乡创业意愿的影响因素,结果表明:在农民工个体及家庭特征因素中，年龄、性别、婚姻状况、文化程度、从业资格、技能获取、风险态度、家庭人均纯收入及外出务工收入等因素对其返乡创业意愿有重要影响；在社会资本因素中，每月话费支出、常联系的朋友个数、亲戚担任村干部或公务员状况对农民工返乡创业意愿影响显著。史清华和张惠林（2000）在对农户家庭经营非农化进程与历程的研究中得出，技术素质的高低是决定农户非农化程度大小的一个重要人力资本因素。第二，农户家庭特征。蒋乃华（2002）、卫龙宝等（2003）对城镇化过程中农户进城意愿进行了研究，认为欠发达地区农户进城意愿取决于非农收入。罗明忠、陈明（2015）对农业结构调整意愿进行了分析，认为从事非农活动的收入、时间和工作性质是影响当地农户进行结构调整的主要因素，且非农收入越高、有一技之长和一定非农工作经历的人越愿意进行产业结构调整。第三，政策与制度因素。金迪、蒋剑勇（2014）研究发现，政策变化对农户农业产出价格、劳动工资率、农户劳动力规模等都有显著影响。Marlapiamendola（2007）综述了"制度缺失"的发展中国家农户在权衡收益风险与预期收入后所作的农业生产选择的若干文献，提出了制度因素是造成市场不完善和农户收入低的主要原因，也是影响农户生产决策的重要因素。第四，市场因素。李春梅（2016）提出稳定农户行为需要在坚持农户作为市场农业微观运行基本主体的前提下，创新原有的组织形式和交易方式。Cook（2001）对农户家庭经济风险进行了分类。赵建欣、张忠根（2007）认为风险不仅影响农户的行为态度，还影响农户的认知控制。第五，地域环境。辛翔飞、秦富（2005）认为不同地区间农业生产结构、技术以及地理条件、气候等方面的差异导致农户农业投资上的差异。柯水发（2007）认为农户在面临多元行为选择时，多数情况下，其理性思考能力和行为选择策略将蜕变为模仿行为或从众行为。

　　创业行为受社会网络的影响一般较大，尤其是在林业部门的创业（Beaudoin et al., 2011）。Guiso & Schivardi（2010）认为外部学习是创业集群中创业活动的决定性因素，在创业行为形成和发展中扮演着重要角色。Felzensztein & Gimmon（2009）采用国际比较的视角研究了创业集群中的社会网络和市场合作，认为社会网络在创业集群市场合作中发挥了重要作用，而不同的社会网络扮演着不同的角色。相对于正式网络联系，非正式的网络联系在集群企业的联系中扮演着重要角色（Soh，2003）。Delgado, Porter & Stern（2010）检验了区域集群在区域创业中的角色，指出区域集群不但有助于新创企业的加入和发展，还有助于原有企业的建设。

　　但是，如果过于突出创业主体的内生作用，而忽视了外在环境的影响，就是割裂了创业主体与环境的交互联系，切断了这种情境作用的发生。基于此，已有学者总结归纳了农民创业的演化机制，指出农民创业的扩散、集群与增长具有一些典型特征，即亲属关系和地缘政治关系。此外，财务支持（如设立基金）、技术引进（如科学示范）和管理技术（如"公司+农户"治理）等要素对农民创业也具有积极的影响（Xue and Liu, 2015）。还有研究者将诸如微观信贷支持（Afrin et al, 2009）和外部政策环境（Kader et al, 2009）等要素也纳入到了讨论之中。

　　农民创业是受环境影响较大的群体，在不同的环境条件下，农民创业的波动也会比较大。研究创业环境是认识和评估创业环境的前提，创业环境正在成为影响创业机会识别的重要因素，其对企业家社会网络和以往经验的调节作用强于对企业家心理素质的调节作用（Gao and Yang, 2013）。具体来说，农民所面临的创业环境可以划分为自然环境、社会文化环境、政策制度环境、经济金融环境、技术环境等。

自然环境是农民创业所面临的最直接、最基础的环境条件。在自然环境方面，Meccheri 和 Pelloni（2006）认为自然环境会从地理位置和创业资源这两方面对农民创业造成影响。

在社会文化环境方面，创业者的价值观会对其创业行为产生影响，相近的价值观会导致相似的风险偏好、发展倾向和创业创新态度、开放包容程度等。也就是说，创业精神与社会的主流价值观息息相关。同时，创业模范也会对当地农民的创业行为和创业意愿产生影响。一般来说，在农村地区，创业模范的数量越多，其示范效应也就越大，从而越容易激发农民创业的热情。

在政策制度环境方面，Lin 和 Si（2014）通过实证研究发现，制度环境对农民创业具有积极的影响。政府可以通过更新创业政策，来提升农民的创业意愿。Henrekson 和 Stenkula（1998）从进入市场、增长研发、保障扶持、财税政策、交易管理等方面把创业政策分为 11 个方面的内容。

在经济金融环境方面，农村金融环境对农民创业有很大的影响，借贷的难易程度、流程规章以及担保抵押制度等都会对农民创业造成影响。同时，农村地区的商业网络也会影响新创企业的创建（Ring 等，2010）。

在技术环境方面，信息通信技术可以把先进的城市金融服务普及到农村地区，不仅改善了农村教育，同时也推动了农村以及农民创业。农村要鼓励农民创业，必须具备良好的信息通信技术，因为信息通信技术有助于小企业针对特定的目标顾客设计专门产品，并与大企业形成有效竞争。Fortunato（2014）也承认，正是由于美国在农业机械、采矿和农业技术等方面的全球化发展，才促进了农业技术的创新进步，从而带动了农村创新创业的发展。

进一步地看,正是复杂的创业环境为农民提供了创业初始的资源、资本要素和社会关系,这些创业资源慢慢累积形成了创业者的资源禀赋,即创业者创业前后所拥有的各种资本的总和。资源禀赋主要表现为创业的人力资本、创业的经济资本、创业技能和创业机会等资本要素。在农村地区,保留的相对完整的血缘、地缘关系网络为农民的经济活动、社会活动和情感交往具有重要意义。资源禀赋通过影响农民创业者的创业资本积聚、创业机会感知和创业决策过程,从而对创业产生影响。而具体的社会资本则在筹措资金、原料获取、交易往来、成本控制等方面对农民创业大有裨益,它甚至还有利于提高客户的忠诚度和农民创业者的绩效。例如,美国农村社区的桥梁型社会资本就对创业者的创业绩效产生了明显的影响（Besser and Miller, 2013）。

2.4 生态创业

随着"大众创业,万众创新"的提出,与传统型农业相对应的创业型农业的发展逐步涌现（e.g., Van der Ploeg, 2003, 2009; Austin et al., 1996; Salamon, 1992）,目前创业型农业研究较为深入,已涉及传统农业和创业型农业的比较（Silvasti, 2003, 2009; Burton and Wilson, 2006）,在学术圈内,有专家将其定义为依托农业资源的价值创造活动（Niskaet al., 2012）。农民生产活动大多数会应用到土地和其他自然资源,农林领域的生态创业（Larsson, 2012; Marsden, 2006; Marsden and Smith, 2005）会促进社会的可持续发展,基于此将其定义为基于可持续发展的农业领域的创业行为。目前关于创业型农业的研究主要涉及相关因素（市场依赖,规模经济,风险承担等）（Van der Ploeg, 2009, 2010）,促进创业型农业发展的政策（OECD,

2001；Buttel，2006；Zander et al.，2007；Renting et al.，2007）等。

生态环境的可持续发展与经济的高速增长是可以共生的。生态创业不仅会给整个社会带来巨大的收益，也会促进企业的经济增长，实现良性发展。Barbier（1987）提出经济、环境、社会统一发展的"三重底线"。目前，环境和经济基本上都被概念化为两个独立的相互矛盾的领域，其实是可以调解的。Panacea（2012）指出，绿色、清洁、低碳的创业家会以某种方法治愈病痛逐渐增多的产业经济，实现经济与生态环境保护的协调发展。

诸多学者分析了生态建设与经济发展的相关关系。Quinn（2009）在《哈佛商业评论》中的一篇文章提出了"生态活动"。他指出，"生态活动"虽然可能会为企业带来成本消耗，但同样可以给企业带来诸多的新机会。这样，生态创业和经济发展就自然而然地结合，实现生态和经济的可持续发展。Hartman 和 Stafford（1997）提出了经济活动的绿色化，阐述了绿色化并不会成为企业的负担，而更可能是为企业提供发展空间广阔的资源，完成机会资源的重组。SCEP（1970）首次提出生态服务功能的概念，同时列举了生态系统对人类环境服务的功能。Diltz（1995）以1989—1991年的159个美国企业样本为研究对象，观察样本的每日回报率。经过分析发现，企业生态环境方面的表现与企业的收益率显著正相关。

更进一步的，生态保护与经济发展关系的内部机理得到了广泛讨论。Derwa 等（2005）基于1995—2003年450个美国企业的样本，分析了"生态 - 效率"对企业的影响。他们的研究指出，高的"生态 - 效率"组合可以使实施企业获得约3.98%的超额回报率。Chan（2010）根据中国外资投资企业（Foreign Invested Enterprises，FIE）调查数据，研究了环境导向、环境战略、企业绩效、监管性利益相关者的影响（regulatory stakeholder influence）之间的关系。Chan 的研究表明企业的内部环境导向正向影响企业的环境战略（不影响市场战略），企业的外部环境导向对环境战略和市场战略均有正向影响。企业的内部环境导向与外部环境导向均与企业绩效之间存在正向相关关系。因此，追求企业环境主义（Corporate Environmentalism）对于提高企业绩效有积极影响。王秀峰（2013）在题为《中关村高新技术企业绿色创业导向与企业绩效关系研究》的论文中研究了高新企业绿色创业导向与企业绩效之间的关系，以及环境激励水平、环境管制强度对二者之间关系的调节效应。研究揭示了高新科技企业在实施绿色创业导向过程中，绿色创业导向对企业绩效的影响关系和机制。

　　大学生生态创业引起了学术界的探讨。生态创业能在兼顾经济效益、社会效益和生态效益的基础上，创造产品和服务的价值，因此引起了各界的广泛关注。现代大学生是创业活动的生力军，促进大学生农村生态农业创业，无疑有利于缓解大学生就业难压力，促进农村生态文明建设。因此，大学生生态创新创业对于生态创业的持续发展，促进经济的持续增长，有着不容忽视的作用。魏玲玲（2013）在《现代大学生生态创业必备素质探讨》一文中总结了现代大学生生态创业必备的政治素质、思想素质、身心素质和能力素质。对于可持续发展而言，世界需要"连续的生态创业者"，生态创业者的出现和生态创业企业的创建，将有助于环境的可持续变革。金超、彭添雅、凌一番和苏雪莲（2016）在《大学生生态农业创业存在的问题及对策》中对湘潭市雨湖区泉塘子村大学生农村创业问题进行了典型分析，结合波特钻石模型来分析其整体竞争力，分析了模式中存在的人才、资金、土地等方面的问题，提出了有效的政策支持、高校创业教育中需要加入涉农元素、合理选择农村创业项目和运营模式、媒体要积极宣传农村及大学生创业典型和充分形成"大学生+农户"的合力等建议。谢建召、宋超、陈淑娇（2014）通过生态视域下大学生绿色创业教育的研究，以生态学、创业理论为基础，借鉴美国高校创业教育生态系统的经验，结合我国高校绿色创业教育开展的实际情况，提出了大学生绿色创业教育的主要内容，构建了绿色创业教育四位一体模型。其中培育的主要内容包括：①绿色创业动机的确立；②绿色身心素养的陶冶；③绿色创业知识的传授；④绿色科学技术的接触。

林区农户生态创业的环境涉及一定的社会、经济和政治背景（薛永基，2014），向社会系统提供生态产品，具有积极的意义。生态创业的影响因素逐渐引起了学术界的探讨。其中，森林资源、人文地理环境、管理系统和农户均在一定程度上对生态创业产生影响，又反过来受到生态创业的影响。胡军（2006）通过对生态创业的内涵、特征和驱动因素分析指出，政府颁布和实施、社会经济条件、创业和管理技能金融支持、非金融支持这些因素有助于形成生态创业机会，帮助创业者发展其创业倾向和创业能力。林启艳、陈江（2015）主要研究了生态创业的影响因素和风险规避机制。其中，影响因素从利益相关者角度考虑，主要包括以下几个方面：生态消费者偏好的影响，绿色社区组织的推动，生态创业者的引导，绿色风险投资机构的支持和政府的有效规制等。风险规避机制主要包含以下几个方面：建立广泛的组织协作联盟来分散资源不足的风险，进行战略变革来规避环境改变的风险，利用"后发者"（second mover）行动优势来降低生态技术创新的风险。

2.5　农林业创业扶持政策

现在，一般认为，合作组织是林区农户创业的有效形式，但也存在一定的问题。孙红召（2006）对河南省林业合作组织进行调研后，认为当地林业合作组织提高了林区农户市场主体地位和组织化程度，有效提升了林业产业化经营水平，促进了林业结构调整、农民增收及林产品质量和档次的提升。Wadsworth（2001）认为成员与管理层之间的关系和交流对于合作组织的成功是必不可少的。Jesse & Rogers（2006）在研究 Ocean Spray 合作社的案例中描述了合作组织决策管理层不慎引起成员不满而导致成员信任危机、成员流失和财政状况恶化。王文献（2007）提出了"农信社+农民专业合作社+保险公司"模式，认为农业保险、农民专业合作社担保机构与金融机构合作可以有效降低金融机构的贷款风险，是一种很有前途的模式。孔祥智（2008）对福建省永安市和邵武市两地林业合作组织的不同运作模式进行了分析。他认为合作的高机会成本阻碍小农户自发性组织的发展，而资金、管理和社会资本的需求促使股份合作林场快速发展，外部效应将推动政府引导成立各种协会。张德成、李智勇、徐斌（2009）认为私有林主协会的产生及发展具有一定的主客观条件和法律依据，协会内部科学管理，林主协会与政府是合作关系，协会具有降低林主生产成本、增加林主收益、提高林主生活质量、促进林业可持续经营、增加就业等作用。

　　另一方面，成熟于培育科技创业企业的创业引导基金也被认为是一种有效的林业创业培育路径。出于推动区域经济繁荣、维护社会稳定的目的，政府采用直接或间接的资本资助对创业进行扶持（苗淑娟，2007）。在方法选择上，政府采用无偿补助、注入股本和财政贴息等形式对创业进行专项资助。作为政府支持创业的一部分，创业引导基金被认为是政府在资金上支持创业的有效形式（刘健钧，2006）。赵成国、陈莹（2008）从政府创业引导基金的扶持对象和扶持方式、组织机构和职能、利益分配和退出方式、监督和风险防范等方面设计政府创业投资引导基金的运行管理模式，并探讨了基金的运行机制、内部控制和激励机制。近年来，最优契约的设计成为众多学者追逐的目标，Hellmann（2006）和 Cumming（2008）分别尝试在不同的背景、角度和方法下进行最优契约的设计。

有证据显示，如果能融入当地的网络组织中，新的林业商业组织将取得更好的绩效（Vennesland，2005）。同时，公共基金、林业研究组织和成本共摊计划的实施效果普遍欠佳（Niskanen，2007）。Aarne et al（2005）的研究表明，一些 R&D 项目自 20 世纪 90 年代以来一直扶持林业的可持续创新。但是，这些活动除了促进林业的可持续发展外，并没有在同期促进林业创业的发展。很长一段时间以来，挪威等国家一直在推行成本共摊计划以促进创业的发展。然而，成本共摊计划的经济有效性却受到了广泛质疑，因而该类项目在过去 10 年间显著减少。Larsson（2012）认为应通过培育农户之间的"信任""合作"等提升其创业的水平。

2.6 文献评述

综上所述，国内外学者在农林业创业、创业影响因素、林业政策与创业等多个方面开展了大量研究，在以下几方面取得了显著成效。

（1）围绕农林业领域的创业活动进行了大量的探讨，在一定程度上丰富了农林业创业的理论体系。

（2）大量探讨了扶持林区农户和林业企业创业的政府扶持政策，虽未得出一致性结论，但引发了关于扶持林区农户和林业企业创业政策的大讨论，促进了林区农户对创业的认知。

（3）初步分析了农林业创业的影响因素和政策体系，有效指导了林区农户创业扶持政策的制定与实施。

同时，国内外研究还存在一些不足，体现在以下几点。

（1）受制于农民认识的局限性和所受教育不足的现状，林区农户创业意识较弱、创业能力不强，且有其自身独特的特征，国内外学者对其创业的微观机理更没有进行系统的研究。

（2）受制于农村经济社会发展落后的现状，理论上应充分考虑制度、环境和文化等条件下外部环境对林区农户创业行为的影响，而这方面的研究还存在不足。

（3）受制于鼓励林区农户创业的政策实践时间较短的现状，现有研究只是笼统地指出政府应扶持林区农户开展创业活动，但未意识到林区农户创业活动需要政府的一系列政策予以扶持，更未考虑到扶持政策的路径设计的体系化和科学化。

为弥补上述不足，本研究立足于林权改革（包括集体林权改革和国有林权改革）这一制度变革背景，通过深度访谈和归纳演绎等方法构建林区农户生态创业的理论框架，运用结构方程统计方法从个体特征和外部影响两个层面探究林区农户生态创业的机理，进而构建林区农户生态创业培育路径，实现对该领域较为系统地研究。

2.7 本章小结

本章在梳理国内外相关文献的基础上，从农林业创业研究的兴起、林区生态建设与经济发展、农民创业、生态创业等多个方面对这一领域的现有研究进行了整理和回顾，并在对研究现状进行评价的基础上对未来研究进行了展望，指出构建林区农户生态创业理论框架、探寻农户生态创业机理、构建农户生态创业培育路径是未来研究的重点。

第 3 章

生态产品供给与林区农户创业：经验分析

我国林区农户生态创业是在中国特有的文化特征下进行的，有其独特的经济和管理意义。本章以林区农户生态创业中的"血缘"和"地缘"两个元素为切入点，以生态情怀和环境约束为重要考量，通过分析我国林区农户生态创业的三个典型案例，剖析案例蕴含的创业机理与培育路径，提出本课题研究的理论框架，为后续研究提供理论支撑。

3.1 中国林区农户生态创业的经济现象与特点

3.1.1 经济现象

我国林区近年来全面开展集体林权改革，实施"分林到户"的政策。到 2013 年年初，该项改革全部完成。按照 Lunnan et al. (2005) 的观点，制度改革往往引发新的创业高潮。集体林权改革以来，大量农户依托家庭组织或创建新的组织，扩大现有的生产规模或者从事新的生产活动，开展经济林种植、林下养殖、林木加工、林业副产品生产、林下套种和森林景观旅游等经营活动,成为广受关注的林业经济现象。

由于我国林业生产力水平较低、林区农户经营素质不高、林区创业环境不佳等,单一行为的创业面临极大的困难。同时,正是林区自身的特点,使得广泛利用林区的良好自然条件,依托家庭和以血缘为纽带的家庭联合体的生态创业成为破解创业难题的有效途径。在我国南方的集体林区,林区农户的生态创业行为大量存在,值得进一步研究。

3.1.2 特点

我国林区农户生态创业具有鲜明的中国特色。这一中国特色体现在:①林业生产的低机械化使得林区农户之间相互依赖性较大,合作精神较好;②林区特点决定了林区农户多是小规模聚集居住,且往往由亲情作纽带,相互了解更方便;③林区农户之间世代为邻,加强了相互合作的可靠性。这些特点使得林区农户生态创业更容易实现,也使得这种生态创业在形成、合作、成长中较其他创业群体不同,具有独特的机理,需要从理论上进行深入分析。

林区农户创业的特点体现在以下几方面。

1. 创业扩散的差序格局特点

差序格局是费孝通在1947年出版的《乡土中国》一书中首先提出的,是对中国乡村人际关系的科学总结。该理论指出,中国乡村传统社会的社会结构与西方的"团体格局"下人际关系不同,它是以"血缘"为纽带,以某一中心逐步向外推及,并且随着"血缘"的远近不同而人际关系不同。

差序格局这个概念揭示了中国社会的人际关系是以"己"为中心,逐渐向外推移的,表明了自己和他人关系的亲疏远近。费孝通教授明确地提出差序格局是以家庭为核心的血缘关系,而"血缘关系的投影"

又形成地缘关系，血缘关系与地缘关系是不可分离的。也就是说，中国传统社会的人际关系以血缘关系和地缘关系为基础，形成"差序格局"模式。这在林区农户生态创业中的体现非常突出。在某一地区具有创业火苗后，往往首先是以血缘关系进行扩散，之后又是通过与血缘关系密切相关的地缘关系进行扩散。

2. 创业经营中的"人情"与"面子"突出

"人情与面子"理论是以社会交易理论为基础提出的（黄光国，1985）。该理论认为在中国社会中，"人情"与"面子"是个人影响家庭以外其他人的重要方法。这是一套由文化制约而形成的社会机制，并将这套机制视为一种"权利游戏"来了解中国人的社会行为。中国社会中个人拥有的三大类人际关系，即情感性关系、工具性关系和混合性关系，并且分别遵循需求法则、公平法则和人情法则。情感性关系包括家庭内成员的关系；混合性关系指的是个人在家庭之外所建立的各种关系；工具性关系则是个人为了达成某些目的而和他人进行交往，双方并不预期将来会建立起长期性的情感关系。

由于全球一体化的影响，这一理论在中国城市逐步受到挑战，但在中国林区体现的较为突出。在林区，"人情"与"面子"由于林业的生态特点表现得更为突出，形成围绕"地缘"而产生的独特行为现象。林区农户生态创业三种关系左右了创业活动的成长，情感性关系是林区农户生态创业形成的基础，工具性关系将生态创业"社会化"和"市场化"，而混合关系则决定了生态创业在某一区域是否能够成长。

3. 创业行为受生态情怀和环境约束

本研究关注林区农户的创业行为，始于对"富饶的贫困"的长期思索。一方面，中国拥有多达2.08亿公顷的林地资源（数据引自国家新闻办公室 http：//www.scio.gov.cn），这些地区多是气候宜人、雨水充沛、环境秀丽、自然资源丰富的"富饶"地区。另一方面，生活在这些地区的人民却长期处于极度贫困之中。由于林区交通不便、电网设施落后、网络建设滞后等环境因素，以及人们经营意识差、经营能力不高等主观因素，林区经济发展相对较为缓慢。我们课题组称之为"富饶的贫困"之谜。在这种背景下，如何在不破坏生态环境的基础上扶持农民广泛开展创业活动成为一个现实考量。

农民创业应注意生态问题。在我国的某些地方已经出现城市高污染行业转移农村的现象，我们要警惕这个刚刚成长的农民"创业经济"成为产业转移的牺牲品，上演高污染、高损耗产品加工的代名词，上演一幕幕创业悲剧。

这一方面要靠农民的生态情怀。林区农户由于长期、世代居住在某一地区，对家乡具有很深的感情，对当地的"绿水青山"有着独特的感情。另一方面，这要靠政府的环境约束，对地区环境设立一定的门槛。

3.2 研究框架现实基础：三个典型案例

3.2.1 林区农户依山致富及生态创业成长

山东省临沧市临翔区在精准脱贫的路上一直稳步前进，"林改"时，产业兴是他们的真实写照。2016年全区林业总产值突破19.5亿元，农民人均林业纯收入3 650元。这都是得益于该地区稳步推进集体林权制度改革，还权于民、还山于民、还利于民，做到"山定权、树定根、人定心"的政策措施的实施。

2007年5月，临翔区博尚镇作为试点开展林改工作，按照"试点先行、批次推进、先易后难、循序渐进"的工作思路展开了相关工作，充分尊重群众意愿,切实做到程序、方法、内容、结果四公开,确保林区农户的知情权、参与权、决策权和监督权,真正体现民意,维护民利。在2008年完成全部林改任务。在工作中强化组织和经费保障;强化林改政策落实;强化依法依规操作;强化纠纷调处;强化宣传和档案管理,确保全区林改的顺利推进。全区共确权面积160.54万亩,涉及10个乡(镇、街道)48 480户,确权宗数64 019宗,共发放林权证56 650本,集体林均山到户率89.9%,集体商品林均山到户率84.7%。通过林改,放活了经营权,落实处置权,保障收益权,让农民吃下"定心丸",激发山区农民综合开发的热情。至此,改革强化有序推进。

在集体林权制度改革的背景下,临翔区秉承"做实一产,做强二产,做大三产"的林产业建设理念,多元化林业产业结构模式转变。该区以地区特色产品为着力点,着力发展特色林业产业。林改使农民爱林、护林、造林、营林的积极性空前高涨。蚂蚁堆乡一水村从村情出发,确立河边热区种植坚果、紫胶,山腰山顶冷凉地带种植核桃、茶园、板栗等经济林果业和林下养蜂、养鸡。2016年,一水村已拥有坚果园5 930亩,紫胶园1 006亩,核桃21 996亩,茶园2 890亩,其他林果860亩,人均经济林木达36亩。蚂蚁堆乡以绿色发展为主线,生态产业为重要发展产业,对资源进行整合并整体开发,把核桃产业扶贫作为脱贫攻坚"首要工程"来抓。全乡已建成优质泡核桃基地24万亩,成为临翔区核桃种植面积最大的乡。通过林改,临翔区立足资源优势,转变发展方式,调整产业结构,完善发展思路,让林产业充满了活力。"十二五"规划期间,全区累计完成中低产林改造16.5万亩,低效林改造10万亩,建成特色经济林145万亩,工业源材料林32.5万亩,珍贵用材林1万亩,发展林下经济种植1.2万亩。截至2016年,全区实现林业总产值 19.5 亿元，农民人均林业纯收入达 3 650 元。在林改的基础上林业产业不断壮大。

林改背景下的林业产业的发展模式出现多元化趋势。坚持走"公司+基地+农户"的林业产业化发展路子，强化龙头带动作用，把引进、扶持、培育龙头企业作为林业产业化经营的关键措施抓紧、抓实。通过多年培育，全区已有市级龙头企业 4 家，建成亿元以上规模企业 1 家。采取"公司+基地+专业合作社"的经营模式，创建林农专业合作社37 个，其中省级示范社 1 个。邦东乡依托昔归古茶资源，通过林改建设生态绿色有机茶基地，采取"党支部+合作社+茶农"模式组建茶叶专业合作社，按照"优基地、强品牌、提品质、拓市场"的发展思路持续做强邦东大树茶产业。2016 年，邦东乡累计建成有机生态茶园5 万亩，茶叶产量达 40 万千克，实现茶业收入 2.6 亿元，户均达 6.9 万元。发展产业舞龙头。

通过林改，放活了经营权，落实处置权，保障收益权，让农民吃下"定心丸"，激发了山区农民综合开发的热情。（作者根据相关资料整理）

3.2.2 种茶及生态创业成长

安溪县，古称清溪，地处福建省东南部，隶属于泉州市。让安溪县名扬四海的便是这里的茶，我国著名的乌龙茶——铁观音就是发源于此。时间回溯到中华人民共和国成立后不久，战争留下来的创伤使得安溪茶叶发展停滞，茶叶销量大幅降低，茶庄大量倒闭，茶园大面积荒芜。千年的安溪茶业面临崩溃，茶业界人士无不惋惜。当地政府看中了这一历史时机，决定恢复安溪的茶产业，这样可谓一举两得，既保护了安溪县茶产业及其辉煌的历史，又可以"安溪铁观音"的名号刺激当地的经济发展。安溪县铁观音在近代的再次崛起主要归功于安溪县传统的斗茶文化，每年春天新茶制成后，茶农们就要互相比较新茶的优劣而举办茶王大赛。正是因为茶王赛的发展，使得安溪县人民意识到，茶的质量远比数量重要，也促使茶农们开始思索如何种出韵味足香味清澈的茶叶。随后，安溪县将茶王赛推广开来，吸引了来自全世界的茶商对铁观音的关注，成功解决了铁观音的销售问题，使茶农的腰包鼓了起来。安溪县茶农还积极与台湾地区茶商合作，引进台湾优良的茶叶品种、台式先进制茶设备、绿色有机的生产技术，改良制成的台式乌龙茶一研制出就销售一空。通过与台湾地区茶商的合作，安溪县茶农明白了不仅要种质量高的好茶，还要能满足市场需求，生产适销对路的产品，增加茶类产品的研究，使茶叶生产向多样化方向发展。

1999 年，安溪县政府提出要整合茶叶的进出口市场，不但要逐步拓宽茶叶的销路，更要引进安溪县本身所没有的茶叶品种进行种植，将安溪县建设成为"中国茶都"。在县政府的帮助下，通过预售店铺、滚动发展等方式将茶都建立成为集销售、文化传播、旅游、科研于一体的新型茶叶商品集散地。2000 年 4 月，由安溪县人民政府下属的安溪县茶叶总公司申请注册的"安溪铁观音"获准注册，2006 年 1 月国家工商总局商标局正式认定"安溪铁观音"为中国驰名商标，它也成为中国茶叶品牌里的第一个驰名商标。

集体林权改革后，林区农户围绕茶叶种植、加工和销售的创业活动蓬勃发展。自 2007-2017 年，茶叶的产量稳步上升，由 4.5 万吨上升到 7.1 万吨，产值由 2007 年的 57 亿元增长到 2017 年的 148 亿元（见图 3-1），形成了一个较好的生态创业集群。

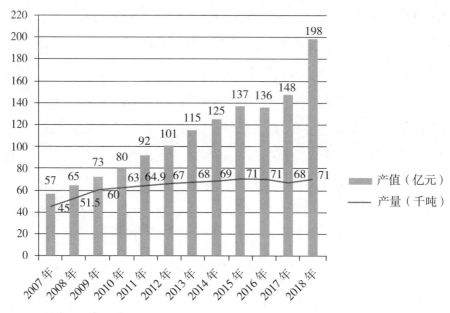

数据来源：《安溪县国民经济与社会发展统计公报》（2007—2018年）

图 3-1　安溪县 2007—2018 年茶叶产值、产量分布图

如今，安溪县通过茶业合作社等方式，将农民们统一到一起管理，对全县的茶叶进行统一的生产、收购、加工、检验和营销，对"安溪铁观音"的品牌进行保护。安溪县通过开展茶诗词和茶摄影等艺术产品的创作；民间茶俗、茶艺、茶礼和制茶工艺等的展示；茶文化生态园区，茶科研与茶景观融为一体等方式对茶文化进行进一步的宣传。同时，为了增加涉茶项目，安溪县还衍生出一系列相关产业，如茶叶包装、茶叶提取和茶类食品饮品加工等。同时，安溪县开展特色旅游项目，大力发展文化旅游，将茶文化融入到旅游线路的策划包装中去，以茶元素为基础，向各个产业渗透，增强安溪县铁观音的影响力。政府的扶持工作及安溪县茶农的创新努力，使得生态集群创业的效应更加突出，在衍生相关产业的同时，也带动了新集群的发展，为安溪县经济带来了新的增长点。

安溪县茶业发展与时代进步密切相关。本案例以时代变革，政策改革为大背景，系统描述了安溪县茶农、茶商如何利用优势自然资源顺应时代潮流，从改革开放走到"一带一路"总规划实施的发展路程。讲述了安溪县铁观音茶叶在其发展进程中紧跟国家政策方向，通过知识培训、学习国外先进的庄园化管理方式等路径在茶叶种植和生产过程中引进管理技术，利用互联网平台拓宽市场，打通交通命脉提高基础建设水平。同时在此过程中，政府出台相关政策为茶农、茶商的创业减贫提供金融扶持，不仅如此，安溪县铁观音承载着上千年的茶文化历史沿着海上丝绸之路重新走上世界舞台，在全球舞台上宣传中华民族独特的茶文化，为建立优秀的茶叶品牌提供良好条件。安溪县铁观音的经济效益、生态效益、社会效益的提高使其成为我国绿色减贫历史上值得借鉴的典型案例。不单如此，随着人民生活水平的不断提高，茶农、茶商紧抓时代契机，借助茶产业的深厚文化背景，迎合当代人不断提升的更高层次需求，通过创新创业在茶园内发展茶文化休闲旅游，建设"茶疗"保健度假村，发展"温泉经济"，使第三产业的发展势头越来越猛。另外，大力发展制造业、延长产业链，茶叶产品进行精加工，提高附加值。一系列增值方法带来众多就业机会，例如收茶人员、制茶人员、货车司机、茶厂技术人员等等，提升了当地的就业水平。农民利用各方面的优势资源进行创业是农民减贫的一个重要手段，而农民减贫是乡村振兴的重要前提。农民不脱贫，乡村振兴便无从谈起。2018年中央农村工作会议给我们指明了七条道路：走乡镇融合发展之路、走共同富裕之路、走质量兴农、走乡村绿色发展之路、走乡村文化兴盛之路、走乡村善治之路、走中国特色减贫之路。这"七条道路"不仅引领着新时代中国特色社会主义乡村振兴，也为乡村振兴赋予了高质量、可持续发展的深厚内涵。在新时代新背景下安溪政府加强相关制度安排，倡导绿色传统工艺，维护茶文化品牌建设，统筹各方利益相关者，提倡参与式扶贫，为茶农茶商谋更多福利。（作者根据相关资料整理）

3.2.3 特色种养业及生态创业成长

近年来，遂川县以特色种养为突破口，积极探索出了一条林下种植、林下养殖、林下产品采集加工利用等为主要类型的林下经济发展之路，实现产业升级，使林下经济成为该县林业增色、农民增收的朝阳产业。

"林二代"的林下经济。骆炳岚的父亲骆德磷20世纪80年代承包高坪镇白沙村里无人管护的1 000亩村集体荒山，在荒山上造林并取得成效，荣获"全国绿化祖国突击手"称号，骆炳岚是名副其实的"林二代"。2013年，骆德磷注册了"骆德磷林场"，并带头种植厚朴，带动周边农户30余户参与林下中药材种植，成立了高山中药材产业合作社。截至2018年场种植厚朴等药材面积达1 000余亩，在厚朴林中放养土鸡3 000多只，与此同时，蜜蜂、金银花、升麻、七叶一枝花等药材逐渐加入种养殖行业，光林下种养的年产值就达25万元。据估算，2018年骆炳磷林场的林木、林下产业总价值已超千万元。在骆德磷父子的带动下，遂川县高坪镇白沙村厚朴种植渐成规模，林下养蜂、养鸡、种药蔚然成风，全村160户村民参与林下种养经济，栽种药材、经济林3 000多亩，每户年均增收达3 000余元。

生态稻种植业的发展。邓葵生是遂川县巾石乡龙山村一名土生土长、颇有名气的种粮大户，2013年，他回家过春节，发现此时种田不景气，收入不多，恰好这时他遇上了在县国税局上班的表亲蒋金平，蒋金平听后当即给他打气：如今国家政策好了，早已免除了农业税费，家乡建立了返乡创业园，又列入了全国支持返乡创业示范县，有许多的税收优惠措施，可以回来试试。次年，他便尝试种植生态稻。为适应现代人追求品质、爱吃粗粮的理念，不打农药，不施化肥，只用酵素作为有机肥，养鸭吃虫，人工捉虫。为此，这让他信心十足，决心大展拳脚。与其他种粮户不同，为保证质量，免除水体污染，邓葵生选择的都是生态好、离水源近的山脚田。当地政府了解到他这一特殊需求后，挨家挨户帮做农户思想工作，协调农田流转事宜，2017年，流转面积达到390亩。为避免被雨淋影响品质，以及减少稻米因露天晾晒而沙粒多，2016年，邓葵生花6万多元购买了一台烘干机，仅政策补贴一项就有1.5万元。随后为扩大生态稻市场，邓葵生创办了名为"遂川县农佳缘食品有限公司"的专业合作社，正式办理了"三证合一"手续，拉了3户贫困户入社，采用"合作社+基地+农户"发展模式。2018年，邓葵生准备将规模扩大到1 000亩，搭建起农产品溯源体系，打造网上商城，将生态米售往全国各地。

林业大村的绿色梦想。兰先华是遂川县五斗江乡庄坑口村的生态护林员，兰先华家有4亩毛竹、4亩水稻，2016年分别种了黄桃、井冈蜜柚。2017年，他又加入了村里的"红土地灵芝合作社"，种了1亩灵芝。五斗江乡三和村是林业大村，全村山林面积8万亩，年采伐竹木1 000立方米以上，村中每年有大量采伐后产生的枝丫材、剩余物。合作社采取"基地+农户"的生产模式，采用资金、材料、劳动力入股形式，社员在合作社工作挣工资形式，按利分红形式，带动农民就地致富。合作社种植灵芝30万袋，为农户年增收100余万元。生态是五斗江乡最大的优势，林业是五斗江最大的资源，既要保住这个资源和优势，又要带动群众发展致富，林下经济是平衡生态与发展的最佳突破口，林下经济已经成为全乡产业脱贫的关键和龙头。近年来，五斗江乡依托当地丰富的林下资源优势，积极探索农民致富新渠道，把加快发展农村合作社作为增加农民收入的突破口。乡里根据各村实际，以农民专业合作社、家庭农场等形式发展特色林下经济，打好精准扶贫、产业扶贫系列组合拳。全乡发展有机茶1万亩。2017年，全乡建立了灵芝、土鸡、土猪、茶叶、黄桃、毛竹等以林下产业为主的13家林业专业合作社，通过特色种养带动500多户林区农户实现脱贫。

2017年，遂川县成立林业专业合作社89个，其中国家级示范社3家，省级示范社4家、示范基地2家，带动8 000余户林区农户脱贫。生态农业也风生水起，渐成气候。每年财政单列专项资金进行扶持，全县山苍子种植面积已达2万亩，年产鲜果2 500吨，产值3 800万元，盛产期每亩每年获利在2 000元以上。（作者根据相关资料整理）

3.3 基于案例经验的研究框架的提出

3.3.1 生态创业中的角色

在林区农户生态创业的三个典型案例中，农户、政府和相关企业均扮演了一定的角色，共同推动着生态创业的成长。

1. 农户的主体角色

农户是生态创业的主体，是关键角色。其中，农户中最为关键的是第一个或第一批创业者。在林下养鸡的案例中，最初5户村民第一批试养了2 000只土鸡，最终平均每户收入7 000多元。这是个巨大的示范效应。在我国林区，由于居住较为集中，大家朝夕相处，使得这种发生在身边的典型案例能够让大家迅速效仿。同时，我国林区的"亲缘"和"地缘"特点，又使得后创业的农户可以得到已创业农户在技术和市场等方面的帮助，大大降低了后续创业者的成本。福建省安溪县铁观音和浙江省台州市杨梅种植案例中农户的积极性也是得到了很好的调动,进而通过示范效应和扩散效应得到迅速成长。

2. 政府的参与角色

政府以各种形式参与林区农户创业是我国的一大特点。其实,在笔者调查的多个生态创业案例中,政府的作用都比较突出。在福建省安溪县铁观音案例中,政府直接参与整合茶叶的进出口市场,并推动将安溪县建设成为"中国茶都"。同时,政府通过茶叶合作社等方式,将农户组织起来,更是直接参与到集群创业中来。在浙江省台州市杨梅种植案例中,政府引进了杨梅种植项目,通过补助农户的方式激发创业激情,形成生态创业效应。可见,在我国,政府在林区农户集群创业直接扮演了参与角色。

3. 企业的促进角色

在林区农户生态创业中,一直存在着企业的促进角色。长期以来,林区农户创业的瓶颈是市场渠道建设。受自身文化程度、阅历和资金等方面的限制,林区农户一般没有能力进行市场渠道建设。同时,一些企业(包括合作社)可以在市场渠道建设上有所作为,以"公司+农户"等方式进行合作,帮助农户进行市场渠道建设。在福建省安溪县铁观音案例中,由安溪县茶叶总公司申请注册"安溪铁观音"品牌,由茶叶合作社将农户统一到一起进行管理。在福建省政和县林下养鸡和浙江省台州市杨梅种植案例中,也到处活跃着一些企业的身影,扮演资金融通、渠道建设、规范管理等角色,大大促进了林区农户的生态创业。

3.3.2 生态创业中的关键因素

在林区农户生态创业中,"血缘"和"地缘"构成的社会资本在其中起到了关键性作用,是生态创业的重要影响因素。

1."血缘"

血缘是梳理林区农户生态创业的一条重要线索。针对福建省政和县林下养鸡案例,课题组曾在2013年暑假对其中的一个村落进行了分析。首先找到该村第一个林下养鸡的创业者,了解到他是从邻村亲戚处得知并学习这一创业活动的。之后,通过他,在相邻的两个自然村(每村农户不到20户)就有多家实施这一创业行为,这一扩散路径如图3-2所示。可见,通过血缘,尤其是我国对血缘的特殊感情,可以找到梳理林区农户集群创业的脉络。

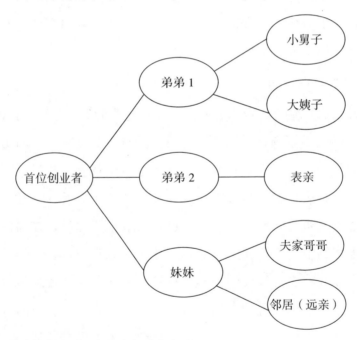

注:后者指的是创业者跟前者的关系。

图3-2 福建省政和县林下养鸡案例创业扩散路径

2."地缘"

合作是集群创业的重要组成部分,在林区农户的集群创业中更为明显。由于单一农户力量较为薄弱,无法完成产业价值链上的多项工作，所以在种苗提供、生产、销售等环节需要与他人合作。因此，在案例中，围绕为农户提供种苗、生产、销售等个人或公司就显得较为重要。在合作的过程中，地缘因素起的作用较大。

在福建省政和县林下养鸡案例中，活跃着一批进行商品流通的商人，扮演向农户购买鸡，之后在城市农产品市场销售的角色。由于价格信息不对称、赊销现象普遍存在，农户对一般商人一般持不信任态度。相反，对于基于地缘的商人，由于农户和商人之间世代交往，具有较好的信任基础，其商业合作也就较为顺利和默契。

3.3.3 机理与路径的演化分析

对这三个典型案例进行总结，林区农户生态创业通过信任机制、"进退机制"、学习机制和驱动机制进行成长，构成成长机制。成长机制的演化机理可描述如图3-3所示。在这一演化机理中，围绕"血缘"和"地缘"而成长是它的典型特点。同时，需要指出的是，林区农户生态创业集群中配合"血缘"和"地缘"成长的过程中，驱动机制中的三个生产要素对生态创业成长起到了较好的促进作用。

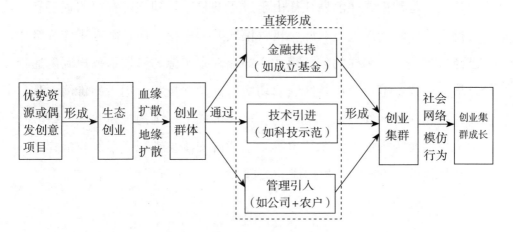

图3-3 林区农户生态创业演化机理

3.3.3.1 金融扶持

由于大规模开展集体林权改革的时间还不是很长,林区农户自身资金积累较少,而创业对资金的需求量又较大,政府和相关部门可以从金融扶持入手培育林区农户集群创业。例如,政府可以成立林区农户生态创业扶持基金,扶持某区域的创业活动,并通过规模效应形成集群,引发后续创业者的模仿和跟进,形成集群创业效应。这一培育路径减轻了林区农户创业的资金压力,也破解了林区农户创业风险抵御能力低的难题。同时,在后期有可能带动其他林区农户的模仿行为,使资金运用发挥乘数效应。浙江省台州市杨梅种植案例中,通过补贴的形式给农户以金融扶持是林区农户生态创业得以形成和成长的关键。

3.3.3.2 技术引进

林区农户创业的难题之一是技术水平低和经营水平不高。基于技术的培育路径立足于政府主导的培训,向某一区域引入技术,引导林区农户创业,形成集群,引发后续创业者的模仿和跟进,形成集群创业效应。这种模式在前期往往由于过于抽象得不到林区农户的理解和支持,从而流于形式。对此,培育模式尤为重要,而在南方集体林区已经出现了形式多样的创新模式。如福建省实施的科技示范户制度通过培训科技示范户,让林区农户切实看到某项技术应用后的价值,从而带动其他林区农户的广泛模仿,最终形成了一定的规模效应。茶叶加工技术及杨梅加工储藏技术等是福建省安溪县铁观音案例与福建省政和县林下养鸡案例集群形成的关键。

3.3.3.3 管理引入

林区农户创业的另一个难题是林区农户对外部市场走势的畏惧。一般来讲,由于信息的缺乏,林区农户对未来市场走势判断并不自信,从而只愿意从事传统生产经营活动，不敢从事新的创业活动。此时，如果政府能引入或培育对市场有较好把握的投资项目，将有效促使林区农户集群创业效应的形成。基于管理的培育路径，立足于政府引入或培育民间投资或创业者，通过契约对生产过程进行管理，以"公司+农户"等形式引导林区农户创业，进而形成集群，引发后续创业者的模仿和跟进，形成生态创业集群效应。福建省安溪县铁观音案例在这方面有较好的尝试。

3.3.4 研究框架

本研究通过对案例的剖析探寻林区农户生态创业所涉及的主体，以及各自扮演的角色，进而剖析各角色发挥作用的影响因素及内在机理。在此基础上，分析角色通过什么过程形成了创业意愿或创业行为，进而提出相应的培育路径，给出林区农户生态创业的相关建议和对策。在这一研究脉络下，本课题研究框架如图3-4所示。

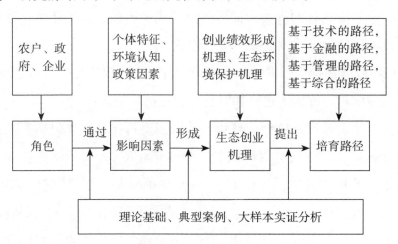

图 3-4 研究框架

3.4 政府培育林区农户生态创业的理论解析

3.4.1 模型假设

通过分析政府环境和林区农户的创业动机可知，对于林区农户创业，政府可以提供支持创业的环境（出资支持、提供技术培训并出台相关政策和法律）或者不提供支持创业的环境（不进行资金支持和法律政策保障，也不为林区农户提供技术培训）；林区农户考虑到目前的收入水平、生存状态，以及学习创业知识和技能等情况，有可能选择创业或是不创业。在林区农户创业的过程中，政府提供的大环境与林区农户创业之间并没有时间先后关系，可以同时进行。据此，对政府资本提供的环境和林区农户创业的博弈模型做出以下假定：

（1）政府和林区农户在参与博弈的过程中都是以追求自身利益最大化为目标，是理性的行为主体。

（2）政府选择的行动为提供创业环境或不提供创业环境，林区农户选择的行动为进行创业或不进行创业。

（3）政府选择是否提供创业环境和林区农户决定是否进行创业时，要同时考虑双方的决策选择和对自己收益的影响。

（4）假设政府提供创业环境，政府需要付出的成本包括三类：一是资金扶持、财政拨款等财政类支持，记作 C_{g1}；二是创业政策、法律法规等政策类支持，记作 C_{g2}；三是培训教师、学习资料、提供种苗等培训类支持，记作 C_{g3}。政府的总成本可以记作 $C_{g1}+C_{g2}+C_{g3}=C_g$。政府可以因此获得的收益包括三类：一是林区农户创业，使得就业岗位增加的收益，记 R_{g1}；二是帮助林区农户收入提高，摆脱贫困的收益，记作 R_{g2}；三是加快农村现代化发展进程的政治效益，记作 R_{g3}；四是政府为林区农户营造创业环境，扶持创业进行获得的口碑，记作

R_{g4}。政府的总收益可以表示为 $R_{g1}+R_{g2}+R_{g3}+R_{g4}=R_g$。

（5）假设林区农户决定进行创业，需要付出的成本包括四类：一是识别创业机会和抓住创业机会的成本，记作 C_{p1}；二是进行林区农户创业的机会成本，记作 C_{p2}；三是林区农户创业时进行技术学习等的时间成本，记作 C_{p3}；四是林区农户决定创业时需要付出的启动资金，记作 C_{p4}；五是当林区农户创业行为没有受到任何外界支持时所需要付出的"孤军奋战"的成本，记作 C_{p5}。林区农户为创业付出的总成本可以记作 $C_{p1}+C_{p2}+C_{p3}+C_{p4}+C_{p5}=C_p$。

林区农户可能因此获得的收益有五类：一是个人价值的实现，主要分为个人提升方面的社会地位等显性提升、个人素质等隐性提升；能力提升方面的发现商机的能力、创业能力两方面的价值实现，记作 R_{p1}。二是对社会价值的贡献，因进行创业提供的就业岗位、生产总值增加等收益外溢，记作 R_{p2}。三是因选择创业而带来的金钱收入增加，记作 R_{p3}。四是从外界获取的市场信息收益，记作 R_{p4}。五是通过参加培训获得的知识进步和技术进步，记作 R_{p5}。林区农户因进行创业而获得的总收益可以记作 $R_{p1}+R_{p2}+R_{p3}+R_{p4}+R_{p5}=R_p$。

（6）假设政府提供创业环境的概率是 p，不提供创业环境的概率是 $1-p$；林区农户进行创业的概率是 q，不进行创业的概率是 $1-q$。

3.4.2　模型建立

通过对政府提供创业环境的成本、收益以及林区农户选择创业的成本和收益的假设，可以建立政府与林区农户二者间的博弈模型。

当政府提供创业环境，并且林区农户也希望进行创业时，政府会额外获得林区农户创业的收益外溢，即林区农户对社会价值的贡献 R_{p2}，此时政府的收益可以写作 $R_g-C_g+R_{p2}$。而林区农户因为在创业时受到政府的财政支持和政策支持，因此可以不用付出"孤军奋战"的

成本 C_{p5}，且能在付出成本时得到政府财政支持 C_{g1} 的帮助，此时林区农户的收益可以写作 $R_p-C_p+C_{g1}+C_{p5}$。

当政府提供创业环境但林区农户不行进行创业时，政府需要付出全部的成本，但只能获得一些口碑方面的收益 R_{g4}，此时政府的收益可以写作 $R_{g4}-C_g$。林区农户虽然不进行创业，但参与了政府组织的培训，也会掌握一些知识和技术 R_{p5}，林区农户的收益可以写作 R_{p5}。

当政府不提供创业环境，但林区农户想要进行创业时，政府可以获得林区农户创业带来的收益外溢 R_{p2}，此时政府的收益可以写作 R_{p2}。林区农户在创业时也无法获得外界给予的信息、知识和技术，即 R_{p4} 和 R_{p5}，林区农户的收益可以写作 $R_p-C_p-R_{p4}-R_{p5}$。

当政府和林区农户都不考虑创业时，双方的收益均为 0。

3.4.3 博弈模型的均衡解

根据博弈模型的假设和建立，可以得到博弈矩阵见表 3-1。

表 3-1 政府主体与林区农户主体博弈矩阵

		林区农户	
		进行	不进行
政府	提供	($R_g-C_g+R_{p2}$, $R_p-C_p+C_{g1}+C_{p5}$)	($R_{g4}-C_g$, R_{p5})
	不提供	(R_{p2}, $R_p-C_p-R_{p4}-R_{p5}$)	(0, 0)

从博弈模型可以求得，政府的期望收益 E_g：

$$E_g=p[q(R_g-C_g+R_{p2})+(1-q)(R_{g4}-C_g)]+(1-p)qR_{p2}$$

令 E_g 对 p 求偏导，并令 $\frac{\partial E_g}{\partial p}=0$，

可得：

$$q^*=\frac{C_g-R_{g4}}{R_{g1}+R_{g2}+R_{g3}}$$

林区农户的期望收益 E_{p1}：

$$E_{p1}=q[p(R_p-C_p+C_{g1}+C_{p5})+(1-q)(R_p-C_p-R_{p4}-R_{p5})]+p(1-q)R_{p5}$$

第 3 章 生态产品供给与林区农户创业：经验分析

令 E_{p1} 对 q 求偏导，并令 $\frac{\partial E_{p1}}{\partial q}=0$，

可得：

$$p^* = \frac{R_{P1}+R_{P2}+R_{P3}-C_p}{-C_{g1}-C_{p5}-R_{p1}}$$

根据结果可知，当达到点（p^*，q^*）时，政府和林区农户都达到对创业的最大期望，该点也是政府和林区农户博弈模型中的均衡点，由纳什均衡理论可知，期望最大值点即政府提供创业环境，林区农户积极参与创业是博弈模型中的最优策略组合，此时政府和林区农户的行为处于暂时稳定的状态。

因为，$p^* = \frac{R_{P1}+R_{P2}+R_{P3}-C_p}{-C_{g1}-C_{p5}-R_{p1}}$ 可知：

此时政府提供创业环境的期望达到最大化。林区农户显性维度的个人地位的提升，以及隐性维度的个人素质的提升，都会为政府带来正面影响，增加收入、产生收益外溢，贡献社会价值也会帮助林区农户摘掉贫困的帽子，有利于政府收益的实现。当政府想要得到这些收益时，如果林区农户减少对成本的付出，政府会相应的付出或给予鼓励，给林区农户积极的反馈。并且模型结果显示，对于"孤军奋战"式的创业行为，政府是支持的，在没有任何"战友"共同奋斗的情况下，林区农户主动进行创业，会促使政府资本加大支持力度，保证林区农户创业的积极性。林区农户能够从政府资本中获得的市场信息越多，说明政府为林区农户创业提供的产品销售支持越丰富。

同样的，在政府达到提供创业环境的最大概率时，林区农户进行创业的概率 $q^* = \frac{C_g - R_{g4}}{R_{g1}+R_{g2}+R_{g3}}$ 中可以看出：

当政府为林区农户创业投入的更多时，林区农户更愿意进行创业，而增加林区农户群体的收入、增加林区农户就业岗位帮助林区农户返乡就业等政府的收益在林区农户看来，都不能带来任何创业动机，相反，过分强调还会使林区农户产生抵触心理，可见，林区农户更关注

政府实际性的投入有多少，而不关注喊口号似的政绩和口碑获得。政府在推动林区农户创业的时候，要多注重实干和投入，从简化手续、出台政策保护、免息贷款、财政拨款和实用技能的传播几方面切实帮助林区农户进行创业，避免为获得政绩而做出的口头承诺和"门脸"工程，切实做好林区农户创业动机的推动工作。

命题：若希望林区农户的创业概率达到 q 且 $q > \frac{C_g - R_{g4}}{R_{g1} + R_{g2} + R_{g3}}$ 的话，则需要政府放弃面子工程，加大对于林区农户创业的投入，政府的做法越积极，林区农户的创业动机越明显，才能使得政府与林区农户二者更互惠互利。

3.5 研究重点

3.5.1 在生态创业形成和扩散上，"血缘"和"地缘"是理解这一创业形态的关键

通过对三个典型案例的分析得知，"血缘"和"地缘"是理解这一创业形态的关键。因此，当创业项目在某地得到充分论证后，应通过"血缘"和"地缘"进行扩散，以形成规模经济效应。我国政府在这方面有较好的做法，如福建省实施集体林区的"科技示范户"项目。该项目针对毛竹的种植，把实验室验证可行的种植方案让"科技示范户"进行试运行，给予一定的财政补贴。这种示范一旦成功，就可通过"血缘"和"地缘"进行迅速扩散，较为容易形成一定的创业集群。

3.5.2 在生态创业路径的构建上，资本、技术和管理的介入是关键

通过对三个典型案例的分析得知，单靠农户自身形成创业集群一

般较为困难,在一定时期需要资本、技术和管理的介入。在我国,政府在这方面扮演了重要角色,成为推动创业集群发展的重要力量。其实,不仅仅是政府,非营利组织和相关商会等也可扮演这一角色,有力促进创业集群的成长。

3.5.3 在生态创业环境约束和可持续发展,对基于"血缘"和"地缘"的管理进行科学改进是关键

通过对三个典型案例的分析得知,农户在集群中"进退"都较为随意,而基于"血缘"和"地缘"的科学化管理往往较难实施。因此,"血缘"和"地缘"影响生态创业集群成长的一面也应该看到。在福建安溪铁观音案例中,课题组进行了多次调研,其表面繁荣的同时也存在一定的隐患。由于农户通过"血缘"和"地缘"进入较为容易,在市场前景看好的背景下,很容易存在种植茶叶过多的问题,导致供需不平衡,价格下跌。随后,在价格下跌的背景下,由于通过"血缘"和"地缘"传播较快的原因,又很容易形成大家集体毁坏茶山的情形,依然导致供需不平衡。因此,如何有效利用"血缘"和"地缘"因素,促进农户集群创业的成长,同时避免其不利因素,仍然需要广泛讨论。

3.6 本章小结

本章分析了我国林区农户生态创业这一典型经济现象,并总结了该类经济的特点。为了使后续研究具有坚实的现实基础,本章使用案例分析法对三个具有典型意义的生态创业案例进行分析,勾勒出我国林区农户生态创业的成长过程,并分析了一些中国元素在成长机制中的角色和作用。

第 4 章
林区农户生态创业影响因素的实证分析

本章实证检验影响林区农户生态创业的外部环境和个体特征。首先，本章通过文献梳理选择影响林区农户生态创业的研究视角。其次，结合实地调查的样本数据对总结的各类影响因素进行实证分析。本章研究为剖析林区农户生态创业机理奠定基础。

4.1 研究视角

20世纪80年代，创业领域研究开始聚焦于创业者的个人特质。有许多学者认为，既然创业者有着与其他社会身份所区别的定义，那么这种区别也应该会体现在其创业的具体决策和行为中。回顾已有的文献，农民创业最基础的分析往往从人口统计学特征开始展开。尽管进入21世纪，创业者特质论已经逐渐衰落，但是在农户创业研究领域，囊括了人口统计学特征、先前经验、人力资本和社会资本的特质理论仍然得到了广泛的应用和检验效果（Gao and Yang，2013）。与此同时，如果过于突出创业主体的内生作用，而忽视了外在环境的影响，就是割裂了创业主体与环境的交互联系，切断了这种情境作用的发生。基于此，从环境领域探索农户创业影响因素成为21世纪的研究重点（Kader等，2009）。同时，由于农业虽为基础行业但增长缓慢、农民知识文化水平相对较低、农村信息和基础设施建设较为落后，农户创业对政策的依赖要大于工业和服务业领域（Afrin等，2009；Xue and Liu，2015）。

基于以上认识，本研究首先从环境认知视角分析其对林区农户生态创业意愿的影响。其次，本研究从个人特质视角分析其对林区农户生态创业行为的影响。最后，本研究建立一个整合分析模型。这样，本研究初步构成了"意愿——行为——绩效"影响因素分析框架。

4.2 环境认知对林区农户生态创业意愿的影响分析

4.2.1 研究设计

目前，随着集体林权改革在我国的不断推进和深化，林区农户的生产积极性进一步得到调动，林区农户对创业的态度和认识也进一步得到了强化。随着相关配套制度的不断完善，林区农户的创业知识和风险认知也得到了有效提升，从而形成了创业意向，并且这种创业意向极有可能转化为现实中的创业行为。作为一种主观性的心理态度，创业意向描述了潜在创业者是否愿意从事创业活动，通常可以被用来预测人们的创业行动。具体到林区农户的创业意向和行为，则要求研究者在微观层次上更具体地去观察分析影响林区农户创业意向和行为的因素，并且从多个视角进行分析，才能科学地了解林区农户创业的起点，从而有利于政府科学的制定林区农户创业扶持政策。

因此，除了对林区农户的个体特征进行剖析以外，还应对林区农户对外部环境的认知等因素进一步予以分析。本节将具体从林区农户的环境认知这一视角研究林区农户创业意向的影响因素。在对林区农户创业环境的界定上，本研究借鉴 GEM 研究结果，将创业环境定义为金融支持、政府政策、政府项目、教育和培训、研究开发转移、商业环境和专业基础设施、国内市场开放程度、实体基础设施的可得性、文化及社会规范等影响创业意愿形成和创业行为的外部因素。但是，由于逐个研究创业环境对创业意愿影响工作量较大，本研究仅从外部资源获取的预期、创业回馈的认知、与非农就业的比较认知 3 个方面分析创业环境认知对林区农户生态创业的整体影响。

4.2.2 变量选择与说明

根据以往研究可以发现，外部环境对创业者的创业意向的影响力度在加大，林区的社会关系网络亲密，更容易受到创业环境的影响。学者 Lin，Picot 以及 Compton 等认为个体是否已经具备创业所需的运营团队、市场渠道、管理知识以及融资支持等均会影响个体的创业行为。Zhao 和 Seibert 等人认为个体对创业所带来的一系列工作负担、压力、风险、物质和声望回馈将在一定程度上影响创业者的创业行为。此外，还有研究者探讨了社会规范知觉、自我效能感和集体效能感（Krueger，2007）、创业教育（Peterman & Kennedy，2003）、情感因素（如来自社会的普遍认同感、榜样力量以及社会行为规范等多重因素）、理性因素（包含资金支持、资源获取、技术支持等多个因素）等因素的影响。

具体到林区以及林区农户，由于其社会网络的紧密性和广泛性，林区农户对外部资源获取的预期、创业回馈的认知、与非农就业的比较认知都有可能影响到林区农户创业意向的形成。据此，本研究做出如下假设：

H1：林区农户对外部资源获取的预期与创业意向成正相关；

H2：林区农户对外部创业回馈认知与其创业意向成正相关；

H3：林区农户对非农就业比较认知与创业意向成正相关。

根据研究假设，建立外部环境认知对林区农户创业意向的影响的概念模型，如图4-1所示。

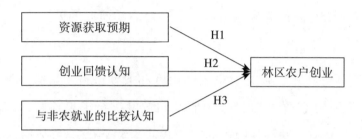

图4-1 环境认知影响林区农户生态创业意向的影响的概念模型

在研究问卷设计上，"资源获取预期"指标主要参考了Holliday and Letherby（1993），Lin, Picot and Compton（2000）等人的研究，分别采用：①有人给我提供相关的创业指导；②创业的资金不是问题；③生产的产品有很好的销路；④亲戚、朋友能提供很多帮助四个题项予以测量。"创业回馈"指标主要参考了Holliday and Letherby（1993），Lin, Picot and Compton（2000）等人的研究，分别采用：①本地大部分创业者都过得很不错；②创业能提高现有的生活水平；③创业不难三个题项予以测量。与非农就业的比较认知参考了钱永红等人的研究，分别采用：①外地或本地的打工机会不多，我不得不创业；②创业比打工更能使家庭生活幸福；③创业经历有利于打工三道题项进行测量。

4.2.3 研究方法与实证分析

研究样本主要在集体林权改革实施较好的福建省、江西省和浙江省采集，具体在福建永安市、尤溪县，江西奉新县和宜丰县，浙江省临安区和余杭区六地采集。本次调研的有效问卷为195份。被调查林区农户的年龄主要分布在21~65岁，占被调查人数的97.10%，其中21~40岁占24.6%，41~50岁占47.5%，51~65岁以上占25%。在林区，掌握了家庭经济决策权的林区农户受教育程度主要为中学水平（初中；高中/中职）。在整个数据样本中，小学及以下的林区农户占比为19.48%，初中为32.72%，高中/中职为31.98%，专科为8.45%，本科以上为6.25%。研究样本可以基本满足后续研究的需要。

1. 信度和效度检验

在实证分析中，首先对量表的信度和效度进行了检验。本研究借助预调研的52份样本对量表的信度和效度进行了再检验，其因素分析结果见表4-1。变量各题项的因子载荷均大于0.5，特征值均大于1，量表效度较好。且量表中各因素的Cronbach α系数均大于0.7，量表信度较高。由此可以表明量表的效度和信度均较优，实证分析可以继续进行。

表4-1 因素分析结果

测量项目	因素1	因素2	因素3	因素4	类别	Cronbach α 系数
有人给我提供相关的创业指导	0.282	0.338	0.784	0.368	资源获取	0.748
创业的资金不是问题	0.185	0.197	0.852	0.259		
生产的产品有很好的销路	0.125	0.454	0.901	0.357		
亲戚、朋友能提供很多帮助	0.213	0.458	0.672	0.335		
如果有新的创业项目，我愿意尝试一下	0.359	0.325	0.283	0.806	创业意向	0.730
假如有一些有挑战的项目，我愿意尝试	0.426	0.249	0.15	0.733		
一起做事的人有新想法、新点子，我支持他们	0.312	0.226	0.027	0.627		

2. 回归分析

本研究主要采取回归分析法对数据进行分析，其中，因变量为林区农户的创业意向,自变量为林区农户的资源获取预期、创业回馈认知和与非农就业比较认知。在回归分析模型的选择上,采用回归分析法,分析环境认知因素对林区农户生态创业意向的影响。回归分析结果见表4-2。

为考察农户的异质性,本研究进一步将性别、年龄、受教育程度、家庭身份、家庭年收入代入回归模型。实证结果显示,不同性别的受调查农户对环境认知存在显著差异(女性表现为较强的风险厌恶特征),受教育程度、家庭年收入对环境认知差异不显著,家庭身份对环境认知存在显著差异(未婚被调查者表现出更高的风险偏好)。

表 4-2 回归结果

变量	回归分析	
	Beta	T
资源获取预期	0.027**	2.221
创业回馈	0.787	0.270
与非农就业比较	0.002**	3.102
F for ΔR^2		38.853**

由实证分析结果可知:资源获取预期和与非农就业比较的显著性水平均达到了0.05。这说明假设H1和H3通过了模型检验。由回归修正后的F值可知,资源获取预期和非农就业比较认知一起能更好地解释林区农户的创业意向和行为选择倾向。假设H2未能通过验证,表明创业回馈认知未能显著影响林区农户的创业意向。

4.2.4 结果与讨论

1. 结论及分析

通过实证分析结果可知,环境认知可以解释林区农户的创业意向和行为选择倾向。环境认知因素对林区农户的创业意向具有显著影响。除了个体特征因素外,对于资源获取的预期和与非农就业比较认知也是形成林区农户创业意向的关键因素。

同时，通过实证分析可知，创业回馈认知未能对林区农户的创业意愿形成显著影响，实证分析结果说明林区农户属于风险厌恶型群体，林区农户实施创业行动的动机很少受到周边人成功创业案例的激励。在调研过程中的经验也可以佐证这一观点，林区农户在确定自己是否创业前，会对自身情况做出详细的评估，很少有林区农户在详细考虑前就直接实施创业行动。如目前林区较为火热的林下养殖创业，即使林下创业在许多地区已经取得了较好的成效，但依然有许多林区农户对创业活动持观望态度，认为当地林下养殖的创业农民太多，导致竞争加剧，因此对创业前景不乐观。因此，研究猜测，林区农户是基于对风险的规避而形成了较低的创业回馈效应。

2. 启示

通过实证分析和对分析结论的探讨，研究认为政府和相关组织可以在以下几个方面培育及引导林区农户的创业意向：

（1）从资源获取预期的角度来说，政府应积极提供创业辅助支持，如小额贷款、科技服务和林地流转服务等资源，并通过各种媒介渠道加强宣传林区创业政策，增强林区农户的资源获取预期。

（2）在创业回馈方面，主要应该强化林区农户的正向回馈，弱化消极回馈，激发林区农户的创业热情。

（3）在非农就业比较认知方面，应该积极促进林区创业合作，提升林区农户的创业绩效。

4.2.5 小结

影响林区农户创业意向的因素繁多，在理论研究中，分析这些影响因素并厘清它们之间的关系，对于进一步理解林区农户的创业行为和创业导向具有重要的意义。本研究通过实证分析,明确了环境认知特征(主要包括资源获取预期、创业回馈认知和与非农就业比较认知)对林区农户创业意向的影响。研究结果证实,资源获取预期和与非农就业比较认知对林区农户创业意向具有显著性影响,而创业回馈对林区农户创业意向没有显著性影响。

4.3 个体特征因素对林区农户生态创业行为的影响分析

4.3.1 研究设计

课题组对福建省尤溪县和永安市、江西省奉新县和宜丰县、浙江省临安区和余杭区等进行了实地问卷调研。同时,结合大学生暑期社会实践活动组织了返乡调研活动。调研的内容主要为:从当地政府层面和个体农户层面对当地的林改状况进行问卷调查和深度访谈;通过文献梳理运用相关理论方法,对调研数据进行整理,建立"林权改革 – 生态创业意向 – 生态创业行为"的理论框架。通过定性和定量研究、典型调查和抽样调查相结合的方式,探究集体林权改革下影响林区农户生态创业的具体因素,根据各影响因素对林区农户开展生态创业所起到的不同作用将之分类归纳,并围绕各影响因素和林区农户生态创业行为构建林区农户生态创业影响因素的概念模型,探索影响因素之间的路径关系。

经过梳理,确定从林区农户个体特征入手开展研究。林区农户的个体特征主要指林区农户个体及其所有家庭成员,乃至其整个家族所拥有的先天获得的资源和后天获取资源的能力等(如林区农户的年龄、受教育水平、家庭拥有的林地面积、是否拥有涉林手艺、经济状况等),通过对林区农户个体特征的具体细分研究,可以验证影响林区农户生态创业的态度和认识的因素,同时也可以得出影响林区农户是否开展生态创业的决定因素。

4.3.2 研究模型与研究变量

1. 研究模型

影响林区农户生态创业的个体特征即自变量,如林区农户的性别、年龄、教育水平、家庭收入水平等,因变量即林区农户生态创业意向及行为。这些变量都属于定性变量,线性回归模型的一个局限性就是要求因变量是定量变量(定距变量、定比变量)。在社会科学中,应用最多的是 Logistic 回归分析。根据实际调查结果显示,林区农户对于生态创业主要持两种态度,即创业或者不创业。因此采用 Logistic 回归分析中的 Binary Logistic 回归分析,利用虚拟因变量,即创业等于 1,不创业等于 0,对因变量的概率值建立回归模型。Logistic 回归模型如下:

$$\ln[p_i/(1-p_i)]=\beta_0+\beta_1 X_1+\varepsilon_i \qquad \ln[p_i/(1-p_i)]=\beta_0+\beta_1 X_1+\varepsilon_i$$
$$p_i=p(Y_i=1)$$

其中 $p=P(Y=1)$,$Y=1$,"创业"=1,"不创业"=0。P 表示生态创业的概率。

2. 研究变量

(1) 人口统计学特征变量

本研究主要从林区农户个体特征角度结合实际问卷进行综合考虑。从目前研究成果来看,一般选用户主性别、年龄、受教育程度、户主经历、家庭经济状况和职业等因素。本研究结合调查问卷选取以下 6 个变量为自变量,结果见表 4-3。

表 4-3　人口统计学特征变量及其统计说明

变量名	符号	定义及单位
性别	X1	男 =1
		女 =2
年龄	X2	岁
受教育程度	X3	小学及以下 =1
		初中 =2
		高中高职 =3
		专科 =4
		本科 =5
		硕士及以上 =6
家庭身份	X4	未婚 =1
		已婚，未做父母 =2
		已做父母，未做（外）祖父母 =3
		已做（外）祖父母或更高辈分 =4
家庭年收入（2012 年）	X5	元
家庭总人口数	X6	人

本次调研的有效问卷为 195 份。被调查林区农户的年龄主要分布在 21~65 岁，占被调查人数的 97.10%，其中 21~40 岁占 24.6%，41~50 岁占 47.5%，51~65 岁以上占 25%。在林区，掌握了家庭经济决策权的林区农户受教育程度主要为中学水平（初中；高中/中职）。在整个数据样本中，小学及以下的林区农户占比为 19.48%，初中为 32.72%，高中/中职为 31.98%，专科为 8.45%，本科以上为 6.25%。样本数据基本符合全国林区农户的基本特征情况。

（2）林区农户禀赋特征变量

本研究主要从林区农户禀赋特征角度结合实际问卷调查情况进行综合考虑。从目前研究成果来看，一般选林区农户家庭最高学历、林地面积、手艺情况和工作经历等因素。本研究结合调查问卷选取以下 10 个变量为自变量，结果见表 4-4。

表 4-4　林区农户禀赋特征变量及其统计说明

变量名	符号	定义及单位
家里最高学历	X1	小学及以下 =1
		初中 =2
		高中高职 =3
		专科 =4
		本科 =5
		硕士及以上 =6
家庭劳动力人数	X2	人
家庭公务员人数	X3	人
家中在外地打工人数	X4	人
距离县城距离	X5	千米
距离乡镇距离	X6	千米
林地面积	X7	亩
参与林业生产年数	X8	1 年以下 =1
		2~5 年 =2
		5~10 年 =3
		10~20 年 =4
		20 年以上 =5
涉林手艺情况	X9	有 =1 无 =0
涉林手艺获取	X10	自学 =1
		家传 =2
		职业培训 =3
		学徒 =4
		其他 =5

经调查可知，我国林区农户的家庭可支配劳动力一般为 2~3 个。林区农户拥有涉林手艺的占 45.21%，其中自学涉林手艺为林区农户涉林手艺获取的主要方式，其占比为 53.45%，其次为家传手艺，占比为 26.73%，职业培训方式仅占 11.52%。

表 4-5　林区农户生态创业及意向情况表

是否生态创业		是否具有开展生态创业的意向	
已创业	55.73%	有生态创业意向	70.40%
未创业	44.27%	无生态创业意向	29.60%

由表 4-5 可知，从目前已经生态创业的结果来看，林区农户中已

创业的占 55.73%；从林区农户是否有生态创业意向来看，70.40% 的林区农户有生态创业意向。这说明林权改革后林区农户创业的意向有一定的提高，且大部分林区农户具有生态创业的意向。同时，林地是林区农户创业致富，提升生活水平的重要基础。但资金缺乏、技术落后以及管理知识欠缺等原因导致林区农户难以顺利开展生态创业。因此，本章研究影响林区农户生态创业的个体特征对林区农户开展生态创业实践和林业政策制定均能提供建议。

4.3.3 结果分析与讨论

1. 人口统计学特征分析

对模型进行正确的估计，为下一步进行合理的回归模型创造条件。基于问卷调查所获取的数据，利用 SPSS19.0 统计软件中的 Binary Logistic 对数据进行处理，得出模型回归结果见表 4-6。

表 4-6　林区农户个体特征变量

	B	S.E,	Wals	df	Sig.	Exp（B）
性别（1）	−0.302	0.326	.859	1	0.354	0.739
年龄	−0.020	0.026	.598	1	0.439	0.980
教育程度			9.132	4	0.058*	
教育程度（1）	1.008	0.772	1.705	1	0.192	2.740
教育程度（2）	1.627	0.719	5.127	1	0.024	5.091
教育程度（3）	1.650	0.727	5.147	1	0.023	5.207
教育程度（4）	0.807	0.842	0.920	1	0.338	2.241
家庭身份			1.323	3	0.724	
家庭身份（1）	1.362	1.196	1.297	1	0.255	3.905
家庭身份（2）	0.636	1.216	0.274	1	0.601	1.890
家庭身份（3）	0.262	0.456	0.329	1	0.566	1.299
总人口数	−0.019	0.054	0.119	1	0.730	0.982
家庭年收入	0.000	0.000	9.516	1	0.002***	1.000
常量	−.853	1.610	0.280	1	0.597	0.426

注：表中符号 ***、**、* 分别表示变量在 1%、5%、10% 水平上显著。

由表 4.6 的分析结果我们可以看出：受教育程度和家庭年收入在显著水平范围内，说明受教育程度和家庭年收入两个因素是影响林区农户是否生态创业的主要人口统计学特征因素。

（1）受教育程度的系数为正，说明林区农户的文化水平越高，思想越开化，更容易接受新事物，了解的技术和知识越多，更倾向于生态创业。

（2）家庭年收入与林区农户生态创业成正相关，说明林区农户家庭收入越高，解决了温饱问题以后，就会利用手中资金赚取更多的钱，进行生态创业的可能性越大。

2. 林区农户禀赋特征分析

基于问卷调查所获取的数据，利用 SPSS19.0 统计软件中的 Binary Logistic 对数据进行处理，根据模型得出回归结果见表 4-7（均以无明显采纳意向为参照）。

表 4-7 模型中的变量

	B	S.E	Wals	df	Sig	Exp（B）
家中最高学历			4.489	5	0.481	
家中最高学历（1）	-2.988	1.736	2.964	1	0.085	0.050
家中最高学历（2）	-1.776	1.628	1.190	1	0.275	0.169
家中最高学历（3）	-1.767	1.566	1.274	1	0.259	0.171
家中最高学历（4）	-1.284	1.582	0.659	1	0.417	0.277
家中最高学历（5）	-1.662	1.576	1.111	1	0.292	0.190
劳动力人数	0.283	0.158	3.204	1	0.073*	1.326
公务员	0.521	0.692	4.834	1	0.028**	0.218
外地打工	-.582	0.229	6.451	1	0.011**	0.559
距县城距离	-.005	0.008	0.368	1	0.544	0.995
距乡镇距离	0.009	0.022	0.159	1	0.690	1.009
林地面积	0.039	0.013	8.577	1	0.003***	1.039
参与林业生产年数			4.577	4	0.333	
参与林业生产年数（1）	22.815	18064.849	0.000	1	0.999	8.095E
参与林业生产年数（2）	1.839	1.033	3.167	1	0.075	6.291

续表

	B	S.E	Wals	df	Sig	Exp（B）
参与林业生产年数（3）	1.773	0.979	3.280	1	0.070	5.886
参与林业生产年数（4）	0.953	1.065	0.800	1	0.371	2.593
涉林手艺情况（1）	1.640	0.562	8.520	1	0.004***	5.155
涉林手艺获取			7.519	4	0.111	
涉林手艺获取（1）	0.181	1.163	0.024	1	0.876	1.198
涉林手艺获取（2）	−1.047	1.258	0.692	1	0.406	0.351
涉林手艺获取（3）	0.235	1.436	0.027	1	0.870	1.265
涉林手艺获取（4）	−2.014	1.554	1.680	1	0.195	0.133
常量	−1.161	2.042	0.323	1	0.570	0.313

注：表中符号***、**、* 分别表示变量在1%、5%、10%水平上显著。

由表4-7的分析结果可以看出：家里劳动力数量、家庭是否有公务员、外出打工人员、林地面积和涉林手艺情况等因素的值在显著水平范围内，说明这5个因素是影响林区农户生态创业的主要禀赋特征。

（1）家庭劳动力数量与林区农户生态创业成正相关。家庭劳动力人数少，意味着创业机会成本加大，家庭主要劳动力需要负担的家庭责任更重，因此林区农户选择创业的意识偏低；家庭劳动力人数增多时，创业的风险降低，创业的可能性增高。

（2）家庭是否有公务员与林区农户生态创业成正相关。公务员有较高的知识水平及较科学合理的远见，在一定程度能很好地把握政府的政策方向，这对于鼓励林区农户生态创业起到了很大的促进作用。

（3）家庭外地打工人员数与林区农户生态创业呈负相关。外出务工人员一般缺乏精炼的手艺或技术，且外出打工的收益是可估计的而且不需要投入大量精力。因此，在有外出打工情况下，林区农户更可能安于现状，做出保守选择，生态创业意愿较低。

（4）林区农户家庭所拥有的林地面积与林区农户生态创业呈正相关。研究结果表明，当林区农户及其家庭拥有更多的林地面积时，其开展生态创业的倾向越高。对于林区农户来说，小面积的林地意味着生态创业的收益更低，林区农户对创业更容易持悲观态度，开展生态创业的倾向低。

（5）林区农户的涉林手艺情况与其生态创业呈正相关。拥有林业手艺的林区农户可以将自己所熟练的手艺转换到生态创业项目上，选择林业生态创业成功的可能性更大。

此外，由于本次调研样本中男性比例偏高，且林区农户家族以耕种林地为主业，样本统计特征量集中。因此，本次调查对象的性别、年龄和参与林业生产年数等变量对林区农户创业影响不显著。

4.3.4 小结

综合影响林区农户生态创业的实证分析结果可以发现：

（1）受教育程度与林区农户生态创业意向呈正相关。林区农户的文化水平越高，思想越开化，越容易接受新事物，所能掌握的技术和知识越多，更倾向于生态创业。而受教育程度低的林区农户，由于不了解外界的市场信息和知识，同时也没有技术，更倾向于外出打工。

（2）家庭年收入与林区农户生态创业意向成正相关。林区农户家庭收入越高，解决了温饱问题以后，林区农户便开始着手利用手中资金赚取更多的钱，投资进行生态创业的可能性越大。而家庭收入低的林区农户，由于生活拮据没有多余的钱，很难再投资生态创业，因此生态创业的意愿较低。

（3）林地面积与林区农户生态创业意向成正相关。相较于拥有较小林地面积的林区农户，拥有更多林地面积的林区农户开展生态创业的倾向更为显著。在我国，林区农户的林地主要来源于林地流转地以及自家原有林地，拥有大面积林地的林区农户更愿意以规模化的方式对林地进行生产，因此更倾向于开展生态创业。而拥有较少林地的林区农户则认为用小面积的林地进行生态创业的收益少、对创业前景持悲观态度,所以更愿意选择把林地拿去出租或出售。

(4)涉林手艺情况与林区农户生态创业意向呈正相关。拥有林业手艺的林区农户可以将自己所熟练的手艺转换到生态创业项目上,降低了这一类林区农户生态创业的风险,其选择林业生态创业成功的可能性更大。

(5)家庭是否有公务员与林区农户生态创业意向呈正相关。公务员有较高的知识水平及较科学合理的远见,在一定程度能很好地把握政府的政策方向,有利于促进林区农户科学合理的开展生态创业。

(6)家庭劳动力数量与林区农户生态创业成正相关。家庭劳动力人数的多少与林区农户开展生态创业的成本直接相关联。劳动力少则会加大创业的机会成本,创业风险也会增加,反之则会增加林区农户生态创业的可能性。

(7)外地打工人数与林区农户生态创业意向呈负相关。外出务工人员一般缺乏精炼的手艺或技术,且外出打工的收益是可估计的而且不需要投入大量精力。且家庭外出务工人员越多,林区农户家庭可投入生态创业活动的劳动力越少。因此,在有外出打工情况下,林区农户更可能安于现状,做出保守选择,生态创业意愿较低。

4.4 一个整合分析

综上分析,林区农户生态创业的影响因素一方面来自于林区农户自身的创新能力和资源获取能力等,另一方面来自林权改革形成的制度和由其引起的创业环境的改变。集体林权改革下林区农户创业的影响因素可描述如图 4-2 所示。

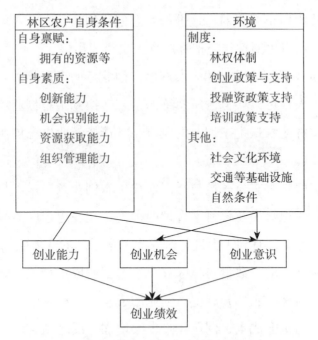

图 4-2　林区农户创业的影响因素

4.4.1　林区农户自身条件

影响林区农户创业的内在因素是林区农户自身的条件，包括林区农户的禀赋和素质两个部分。

1. 林区农户的禀赋

林区农户的禀赋是指林区农户自身的身体条件、所拥有的社会资本、自身的经济状况等。林区农户的禀赋是其创业最基本的因素。欧洲林业创新创业研究（2005）和相关研究均表明，性别、年龄、学历、种族、家庭、工作经历和创业经历等林区农户禀赋都会对创业产生影响。具体来说，男性主导的创业比例要远高于女性。25~45 岁是林区农户创业的最活跃期。不同种族、学历、工作经历和创业经历的林区农户，其创业行为也呈现出不同的特征。

2. 林区农户的素质

林区农户自身的素质也是影响林区农户创业的重要因素。一般而言，这一因素包括林区农户的创新能力、机会识别能力、资源获取能力和组织管理能力等。这几种能力不但决定了林区农户的创业能力，还在一定程度上影响了其创业意识，而创业能力和创业意识是最终形成创业行为的关键。

4.4.2 林业经营环境

影响林区农户创业的外在因素是林区农户所处的林业制度和环境，包括林业制度和所在区域的环境两个部分。

1. 林业制度

集体林权改革是一个大的制度背景。这个制度背景固然能引致林区农户的创业行为，但还需要相应的林业制度予以辅助。从支持创业的角度讲，在集体林权改革这一背景下，需要配套有创业政策与支持、投融资政策与支持以及培训政策等。而教育可以影响林区农户的创业的态度。因此，配套政策中的培训政策是必不可少的关键一环。林业制度的制定和实施有助于创业机会的形成，或使创业机会有可能变为现实。

2. 林业其他环境

林区农户所处的区域环境也在较大程度上影响着其创业行为，这一点可以从 GEM 模型指标体系中看出[1]。林区农户创业的环境包括社会文化环境、交通等基础设施和所在区域的自然条件。一般来讲，创业比较活跃的地区都有其独特的创业文化，而这种独特的创业文化往往是由其社会文化环境所决定的。同时，交通等基本设施也是林区农

---

[1] GEM（全球创业观察）是 1999 年在考夫曼基金的帮助下，由美国百森商学院和英国伦敦商学院发起和成立的一个旨在每年评估创业活动率的国际性研究项目。GEM 的研究对象是创业活动的各种环境因素以及创业与经济增长的关系。

户创业的影响因素之一，而交通便利的地区的创业活动一般也较为活跃。区域的自然条件或有助于创业活动的实施，或阻碍创业活动的开展，也在一定程度上影响着林区农户创业。

4.5 本章总结

本章系统探究林区农户的生态创业的影响因素，以把握林区农户生态创业的机理和机制，具有较重要的理论和实践意义。第一，在理论层面上，填充了影响林区农户生态创业意向和绩效的林区农户的禀赋因素、心理因素和外部因素等各因素中哪些是关键因素以及各因素对林业生态创业意向和绩效的影响程度的空白，并对其进行规范研究和实证分析相结合来加以强化。第二，在实践层面上，本研究分析林区农户生态创业的影响因素，为林区农户生态创业和政府制定扶持政策提供实践依据，有助于林区农户生态创业的制度性因素得到破解，有助于提高林区农户生态创业的积极性，有助于促进乡镇企业的建设与发展以及农民工的回流，有助于科学发展林业经济。

本章以实地调研的林区农户样本为研究基础，运用多种实证分析方法，分别从林区农户个体特征角度、林区农户资本因素角度、林区农户知识获取与吸收、林区农户生态创业政策等角度，多方位、全面的分析了影响林区农户生态创业意向的因素。通过实证研究可以得出以下研究结论：

（1）从环境认知角度进行实证分析后可以发现，林区农户的资源获取预期、和与非农就业比较认知对林区农户的创业意向有显著影响。

（2）从林区农户的个体特征角度进行实证分析后可以发现，林区农户的受教育程度、家庭年收入、家庭所拥有的林地面积、涉林手艺情况以及家庭劳动力人数等与林区农户生态创业呈显著相关关系。

第5章 林区农户生态创业的绩效形成机理

通过对系统内在机理的分析与研究,可以找出其发展变化规律。创业绩效是林区农户生态创业的结果表征。本章主要分析林区农户生态创业绩效的形成机理,为后续培育路径的提出奠定基础。

5.1 研究视角与数据来源

5.1.1 研究视角

其实,林区农户生态创业的绩效受诸多因素的影响。按照本课题的设计,本研究主要通过对机理的揭示提出相应的培育路径。因此,本研究选择社会资本视角分析林区农户生态创业的绩效形成机理,即绩效的取得是由一系列社会资本综合作用的结果。同时,社会资本影响创业绩效取得的过程,也是知识溢出的过程。

近年来兴起的"创业知识溢出理论"对内生增长理论(Romer,

1986)、创业扩散理论等创新理论进行衔接与整合（Acs et al.，2013），从知识视角探究总结出影响创业绩效的因素变量（知识溢出、组织吸收能力）与其影响过程。理论提出者 Audretsch 和 Keilbach（2007）将生态创业绩效归因为组织间知识产生与流动所形成的创业机会与成果。

基于以上认识，本研究构建"社会资本——知识溢出——创业绩效"分析框架，分析由社会资本通过知识溢出对林区农户生态创业绩效影响的机理。这一研究视角可描述为如图 5-1 所示。

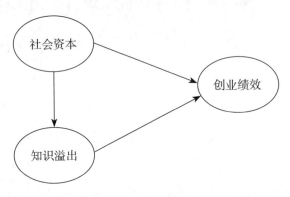

图 5-1　研究视角

5.1.2　数据来源

本章样本数据主要来源于 2014 年对我国南方 10 省通过大学生返乡调研的形式展开的问卷调查。调查区域为湖南、湖北、江西、浙江、福建、广西、广东、四川、贵州、云南等地。采集方式主要以随机选择林区农户并发放问卷，对被调查者进行一对一的访谈，并由调查人员根据被调查者的具体情况填写问卷。调研分为两步，其一为在福建展开的预调研工作，其二为在南方 10 省展开的正式调研工作。正式调研中共发放问卷 980 份，最终回收问卷 282 份，有效问卷为 192 份，样本数据符合样本量（Tinsley，1987；Comrey，198）的要求。因此，样本数据可以为后续研究提供支撑。数据的描述性信息见表 5-1。

表 5-1 样本的描述统计信息

属性	分类	人数	百分数
性别	男	137	71.4%
	女	55	28.6%
年龄/岁	30 及以下	13	6.8%
	31～40	32	16.7%
	41～50	97	50.5%
	51～60	37	19.3%
	61 及以上	13	6.7%
受教育程度	小学及以下	39	20.3%
	初中	60	31.3%
	高中、中职	67	34.9%
	专科	26	13.5%
家庭收入/年	1 万元及以下	27	11.4%
	1 万～2 万元	21	8.9%
	2 万～4 万元	58	24.6%
	4 万～6 万元	61	25.8%
	6 万元及以上	69	29.3%
林地面积/亩	10 及以下	85	44.3%
	11～30	44	22.8%
	31～50	23	12.0%
	51～100	18	9.4%
	101 及以上	22	11.5%

5.1.3 模型选择

由于本章分别探讨了多个变量的复杂关系，因此主要选用结构方程模型进行分析。一套完整的结构方程模型主要包括结构模型（Structural Equation Model）和测量模型（Measurement Model）两套理论模型。前者主要被用于界定潜在自变量与潜在因变量之间的线性关系；测量模型则包括对自变量和因变量的测度。模型方程可表述如下：

结构方程：$\eta = \gamma a + \beta b + a$ （1）

内衍变量（因变量）的测量方程：$Y=\lambda b+\varepsilon$ （2）

外衍变量（自变量）的测量方程：$X=\lambda a+\delta$ （3）

其中，a 和 b 表示向量类型，γ 和 β 表示回归类型。λ 表示回归类型，ε 和 δ 表示方差及协方差的类型。

5.2 社会资本因素对林区农户生态创业绩效的影响分析

5.2.1 研究变量的界定

已有研究成果表明，亲情是林区农户得以顺利开展社会生产活动的重要连接纽带，林区农户间的关系也得以在亲情的基础上不断加固。除了亲情，邻里关系也是林区农户可以依赖的重要资本要素之一，世代为邻的关系构成了林区农户的"熟人社会"。在"十二五"规划的大力推动下，我国集体林权改革效果进一步深化，各级政府大力支持林区农户开展创新创业活动，为林区农户开展生态创业提供了强有力的政策支撑。因此，家族资本、邻里资本和政府资本构成林区农户开展生态创业的主要社会资本网络，而社会资本网络的强弱将影响到林区农户生态创业的绩效。

社会资本是一种个体从社会网络中得到的，可以用来获取收益的资源（边燕杰，2006；Donna & Patrick，2006）。其作用可以从三个方面体现：一是社会秩序或规则的运行；二是家庭内的互相支持；三是家族之外的网络带来的收入（李六，2010；Subekti & Mudiyono，2013）。林区农户聚集式居住，世代为邻且生产力较低的情况下，林区农户对于社会网络的依赖程度较深（薛永基，2015；Xue & Liu，2015）。在这种情况下，社会网络在林区农户创业中所发挥的影响也较为可观，根据林区农户特点，可依据社会网络的强弱关系，以及林区农户间的亲疏与信任感的强弱，将林区农户社会资本区分为家族资本、邻里资本和政府资本三个维度（刘欣禹，王明天等，2016）。

本研究对相关变量界定如下：

家族资本是指家庭及宗亲可以为林区农户提供的包括资金、知识、信息在内的一系列资源的总称。家族关系之间因为血缘紧密相连，其信任度和关系网对于林区农户的帮助是其他关系无法比拟的。

邻里资本是指基于地缘关系的邻居或朋友可以为林区农户提供的资金、信息和销售渠道等资源的总和。邻里关系虽然不如家族间关系联系的紧密性强，但是辐射范围更加广泛，所接触到的信息来源更多，能为林区农户提供的消息也更多。

政府资本是指所处政治环境为林区农户带来的可以利用的资源总和，包括政府提供的资金支持、免息贷款、财政政策；法律法规，扶持办法等政策类支持；创业相关培训、技术投入等教育类支持。

知识溢出是创业者在进行研究开发活动时，新知识会伴随着人员流动等方式溢出（齐玮娜，张耀辉，2014），被其他创业者所获得这一状态，而进行研究的创业者并不能收取报酬。因此技术模仿成为知识溢出的重要形式（Maskus，2004），知识溢出的特点在于知识的传播并不带有目的性，它自然的存在于人们交流知识的过程中。知识按照属性可以分为显性知识和隐性知识，显性知识是指可以依托于语言、图形工具表达的知识（陈琛，2010），易于处理和传播，其传播过程并不一定需要交流（李华晶，王刚，2010），隐性知识则包括人脑中的一种思维方式、直觉、经验等，它们难以进行系统的编码（Krogh，1996）。

创业绩效是指创业目标的达成程度。正如 Low & MacMillan（1988）关于创业研究的理论中指出，创业绩效与绩效的导向是创业研究的最终目的。Armstrong（2000）认为，绩效是创业者创业行为与结果的组合体。Chandler 和 Hanks（2007）提出，创业绩效不是简单指标的罗列，应该有一定的系统性，他提出，分析创业者个体、创业团队和企业环境这三者之间的关系，来寻找相适应的指标。Armstrong（2010）提出，创业绩效既包含创业结果，也包含创业过程中的行为。需要指出的是，本研究的因变量是林区农户生态创业行为的"创业绩效"，而不是"生态创业绩效"，主要从林区农户生态创业的经济结果进行衡量。

5.2.2 研究假设

绩效可以用于衡量组织的经营能力，具体表现在组织的效益和效力上。现在已有许多针对创业绩效的研究，并提出了不同的研究角度，如创业周期、创业者特质与能力、创业经营与管理成效等。但是，理论上仍然缺少专门针对林区农户的创业研究，更缺乏从社会资本角度入手的生态创业绩效研究。因此，本研究将从林区农户创业资本角度出发，依据现有理论基础和调研数据，提出相应的假设，进行实证分析。

1. 社会资本对林区农户生态创业绩效的影响

在有关社会资本的研究中，Baker 等曾提出社会资本具备增值性质，Paul 也认为企业的增值潜力与企业所拥有的社会资本网络息息相关。有学者提出，社会资本对企业组织的影响不单单体现在创业绩效上，同时它也对社会经济增长和经济结构优化等方面具有积极作用。可见社会资本在促进社会发展以及加速经济增长等方面起到了重要的作用。

社会资本一般包括与创业紧密相关的家族亲缘、区域个人关系和社会外部关系等。家族亲缘主要指与亲缘和血缘相关的资本要素；区域个人关系主要指邻里往来资本；社会外部关系则包含更广泛的资本要素，如创业者与政府、与外部组织机构等的关系（孙丽辉，2010）。因此，结合我国林区的实际创业环境，本节将社会资本具体划分为基于血缘的家族资本、基于地缘的邻里资本和基于外部组织关系的政府资本。家族资本可能会影响林区农户的创业项目实施与开展和创业成本输出等；邻里资本可能会影响林区农户的创业信息交互、项目协作和技术交流等；政府资本则可能对林区农户的资金或资源获取和市场推广等造成影响。由此本文提出如下假设：

H1：家族资本与林区农户生态创业绩效成正相关关系；

H2：政府资本与林区农户生态创业绩效成正相关关系；

H3：邻里资本与林区农户生态创业绩效成正相关关系。

2. 知识溢出对林区农户生态创业绩效的影响

知识溢出通过影响个人或组织之外的人或社会，使之实现知识的变现，进而影响他人或组织的生产经营行为（Su, et al., 2014）。知识通过不断的应用和转化产生了知识溢出，而知识溢出又进一步给个人或组织提供了创业与发展的机会。同时，知识溢出还有利于促进生产效率的提高，实现经济的增长（Romer，1990）。

亲情是林区农户间的重要连接纽带。亲情关系的黏合效应使得林区农户之间有较高的信任度，因此林区农户之间在应用知识时具有较优的速度和质量，并由此产生了大量的知识溢出。对于林区农户来说，如果创业绩效受到新知识（可以表现为新技术应用、新信息传递、新组织模式等）的正向影响，则更有利于知识的传播与应用。这些知识传递往往顺延亲情纽带快速传递并在林区农户的实际绩效中发生作用。由此本文提出如下假设：

H4：知识溢出与林区农户生态创业绩效成正相关关系。

3. 社会资本与林区农户知识溢出间作用的分析

社会关系网络有利于加速个体或组织适应社会经济发展的速度。个体或组织的社会关系网络越紧密、越扩展，意味着个体或组织有更多的信息来源，知识更新速度更快，周期更短。因此，社会关系网络是个体或组织赖以吸收知识、传递信息和谋求发展的重要力量。Adler 等认为组织间的社会关系是一种协作行为。在社会资本网络中的个体和组织被认为是理性的，这意味着社会关系网络中的个体或组织能合理地利用这种资本，而知识的共享也就随之产生（Olcott 等，2014）。

林区具有交通不便、劳动强度大和集中作业等特点。因此，林区生产活动也通常以血缘关系和地缘关系为基础进行开展，由此形成了独特的社会资本（Xue 等，2015）。这种独特的社会资本网络要求林区农户在日常生产活动中加深相互之间的协作和共享，这就使得林区农户间相互学习的机会增多，频率增高，知识溢出也就更容易顺畅地发生。据此提出如下假设：

H5：家族资本与林区农户知识溢出成正相关关系；

H6：政府资本与林区农户知识溢出成正相关关系；

H7：邻里资本与林区农户知识溢出成正相关关系。

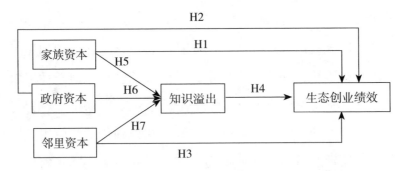

图 5-2　资本因素对林区农户生态创业绩效影响的概念模型

5.2.3　变量说明

首先对量表进行信度分析。经检验整个量表的信度高达 0.932，各变量的 Cronbach's Alpha 值均高于 0.8（见表 5-2），信度较高。其次进行效度分析。量表各题项的因子载荷均大于 0.5（多数大于 0.7），特征值均大于 1，说明研究量表具有较好的效度。可见研究量表及数据符合后续结构方程模型分析的需要。

表 5-2　林区农户生态创业相关变量因素分析

变量及测量项目	因子载荷
家族资本（α=0.927）	
家族内部有人从事相关行业	0.874
常从家族内部获得相关行业信息	0.884
从事该行业是受家族内部其他成员行为的影响	0.873
在从事该行业的过程中经常收到来自家族内部其他成员的指导和鼓励	0.682
家庭、宗亲在公司的发展过程中起到了不可替代的作用	0.785
政府资本（α=0.852）	
你认识很多政府部门的办事人员	0.676
政府提供资金支持	0.819
政府为产品销售提供支持	0.836
政府组织培训	0.803
邻里资本（α=0.822）	
常能从邻居处获得所需的知识	0.839
很容易了解行业内其他产品的生产情况	0.696
邻居之间经常沟通、协作	0.796
知识溢出（α=0.907）	
能够从政府、邻居或合作伙伴中获得新的技术（艺）	0.519
能够从政府、邻居或合作伙伴中获得市场开发技能	0.792
能够从政府、邻居或合作伙伴中获得生产运作技能	0.780
能够从政府、邻居或合作伙伴中获得新产品及服务的开发技能	0.851
能够从政府、邻居或合作伙伴中获得管理经验	0.787
创业绩效（α=0.918）	
跟其他生产同一产品的农民相比，我家的产品更能赚钱	0.805
外面市场不好的时候，我家也卖出的挺好	0.808
我家的事业发展的比其他家快	0.852
我家企业的产品和服务都让顾客感到满意	0.787
我家生意现在已经有了很好的名声	0.835

5.2.4 结果分析与讨论

1. 结构方程模型检验

通过信度、效度分析后，采用 SPSS16.0 和 AMOS17.0 软件对量表数据进行结构方程模型拟合，结果见表 5-3。由此可见，H1、H3、H4、H5、H6、H7 假设均得到证实，假设 H2 未能得到证实。据此，对概念模型进行修正，修正后模型如图 5-3 所示。

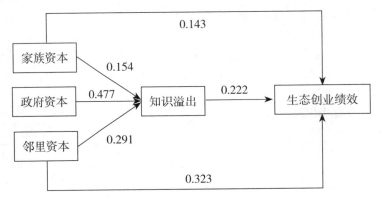

图 5-3　SEM 模型路径图

表 5-3　SEM 相关路径检验指标

			Estimate	S.E.	C.R.	P
知识溢出	←	家族资本	0.154	0.041	3.809	0.000
知识溢出	←	政府资本	0.477	0.066	7.185	0.000
知识溢出	←	邻里资本	0.291	0.064	4.544	0.000
生态创业绩效	←	知识溢出	0.222	0.112	1.983	0.047
生态创业绩效	←	家族资本	0.143	0.051	2.821	0.005
生态创业绩效	←	政府资本	0.068	0.087	0.777	0.437
生态创业绩效	←	邻里资本	0.323	0.083	3.890	0.000

结构方程模型证明：家族资本、政府资本和邻里资本与知识溢出均成正向关系；家族资本与生态创业绩效具有正向关系；邻里资本与生态创业绩效具有正向关系；知识溢出与生态创业绩效也具有正向关

系。综上可知，在社会资本中，家族资本和邻里资本对林区农户生态创业绩效存在直接和间接的双重影响；社会资本中的政府资本对生态创业绩效仅具有间接影响；知识溢出在社会资本和林区农户生态创业绩效之间起到了中介作用。

2. 中介效应分析

对于如何检验中介效应，以及验证中介效应是否存在等问题，已有不少学者研究了相关方法。一般来说，要实现中介效应分析需要满足以下条件：

（1）存在严格定义的自变量、因变量和中介变量。

（2）显著性影响发生在严格自变量与严格因变量之间、严格自变量与中介变量之间、中介变量与严格因变量之间。

（3）中介变量能够在严格自变量对严格因变量之间的影响模型中产生明显作用，即中介变量的加入可使得模型中的显著性影响大小发生变化甚至消失。

基于以上认识，本研究也将对模型的中介变量——知识溢出进行进一步的检验。由图5-4（a）可以看出，林区农户的家族资本、政府资本、邻里资本均对生态创业绩效产生了显著影响，即严格自变量对严格因变量产生了显著影响；由图5-4（b）可以看出，家族资本、政府资本和邻里资本均能对知识溢出产生显著影响，即严格自变量对中介变量产生了显著影响；由图5-4（c）可以看出，知识溢出能对生态创业绩效产生显著影响，中介变量对严格因变量产生显著影响；如图5-4（d）所示，加入知识溢出这一变量以后，家族资本和邻里资本对生态创业绩效的影响减小，政府资本对林区农户生态创业绩效的影响消失，可见中介变量"知识溢出"在模型中产生了明显作用。由以上分析结果可以得出，知识溢出在社会资本对林区农户生态创业绩效影响的过程中起到了中介作用。

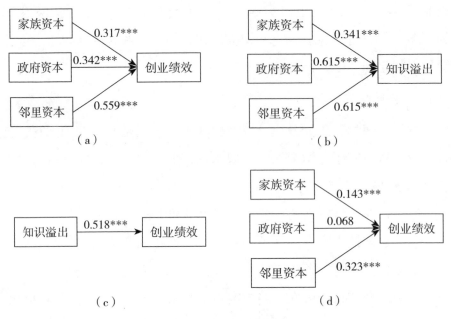

图 5-4 中介变量验证

5.2.5 小结

通过实证分析，在 H1、H2、H3、H4、H5、H6、H7 七个假设中，除假设 H2 未能通过检验，其他六个假设均通过了模型检验。这表明林区农户所拥有的家族、邻里和政府三种主要社会资本均可以通过知识溢出的中介作用来提升林区农户生态创业绩效。与此同时，发生效应的还有家族资本和邻里资本对林区农户的直接促进效应。

根据假设检验和分析结果可以得出以下研究结论：

（1）在林区农户的主要社会资本中，家族资本和邻里资本对林区农户生态创业绩效的影响可以分为直接影响和间接影响两种。

（2）社会资本对林区农户生态创业绩效的影响存在中介变量，即知识溢出。

(3)政府资本需要通过中介变量(即知识溢出)对生态创业绩效产生影响。

(4)知识溢出这一中介变量的发现是本研究的重要贡献,它解释了林区农户社会资本如何具体对生态创业绩效产生直接或间接的影响。

Aequaah等(2007)认为,社会资本能解释25%~30%的企业绩效,对绩效的形成起十分重要的作用。而本研究中针对林区农户家族资本、邻里资本与其生态创业绩效间的关系进一步丰富了前人研究。同时,万俊毅(2014)等通过研究指出,政府资本对农业企业绩效产生的直接效应多是通过对地方龙头企业的补贴政策产生。本研究也证实了政府资本不能直接对林区农户生态创业绩效产生影响。由此可以推测,政府资本更容易对地方性龙头企业产生直接影响,而对于大部分的林区创业农户来说,政府资本对生态创业绩效的直接影响则不那么明显。

知识溢出的中介效应表明,政府为促进林区农户开展生态创业所做的努力都将通过知识的转化和溢出产生实际效应。政府对林区农户业科技的技术创新和推广,以及对农户生态创业在绿色信贷、税收减免、生态创业培训、辅导孵化等多个方面的扶持都逐步通过知识溢出被林区农户所接受和获知,这些措施既提高了林区农户开展生态创业的积极性,又提升了林区农户进行生态创业的生产经营效率,同时降低了其生态创业成本,因此最终对林区农户的生态创业绩效产生了影响。当然,知识溢出对林区农户生态创业绩效的影响需要进一步检验。

5.3 知识溢出对林区农户生态创业绩效的影响分析[①]

集体林权制度改革的开展与落实确保了林区农户对其林地的所有

[①] 本节部分内容曾发表于《宁夏社会科学》2017年第4期,96-101页。

权与经营权，并进一步激发林区农户的生态创业热潮。目前，大量林区农户通过整合更新组织结构、开展创新业务等途径提升其生态创业绩效，实现自身生态创业价值。总结起来，正如前文指出的，林区农户的生态创业有其典型特征，具体体现在：

（1）林业生产的低机械化使得林区农户之间相互依赖性较大，合作精神较好。

（2）林区特点决定了林区农户多是小规模聚集居住，且往往由亲情作纽带，相互了解更方便。

（3）林区农户之间世代为邻，加强了相互合作的可靠性（薛永基，2012）。这表明，林区农户生态创业的知识溢出有较好的实现基础，对生态创业绩效也应有积极的影响。

鉴于林区农户生态创业的特性，知识溢出对生态创业绩效的影响具有独特性。基于此，利用结构方程模型分析法，提出并验证知识溢出与林区农户生态创业绩效间的关系，并检验吸收能力在其中的中介作用，以进一步解释林区农户生态创业绩效获取和提升的机理。

5.3.1 理论分析与假设提出

1. 知识溢出与生态创业绩效

林区农户生态创业具有典型的集群性质，林区农户间通过"血缘"与"地缘"关系相互联系，知识得以无意识的扩散与分享（Nijkamp，2009），从而形成知识溢出，实现林区农户对外部知识的获取利用，以创造新产品和巩固"血缘"与"地缘"纽带，最终提升其生态创业绩效（Fosfurietet al.，2008；Escribano et al，2009）。生态创业的知识溢出理论强调组织通过外部知识溢出获取新知识与新能力，进而将其应用于生态创业活动中，提高生态创业绩效。Block等（2013）通过实证证实知识溢出对组织的生态创业创新绩效产生正向作用。

由于媒体化、网络化的信息传播趋势及政府、企业等的介入，林区农户间存在持续大量且多种类的知识溢出，大致可归结为显性知识溢出与隐性知识溢出两类（Fallah，2004）。一方面，林区农户间通过"血缘"与"地缘"优势可直接从亲戚、邻居那里获得新知识、新技术、新方法，同时报刊、电视等公开媒介也可为这些溢出的知识提供快速直接的信息传播途径，显性知识溢出得以形成（Kee-Bom，2001）；另一方面，隐性知识溢出难以用规范性的语言表达，往往需要亲身实践与面对面交流洞察才能获取，林区农户的文化水平普遍不高，但由于"血缘"与"地缘"的关系，他们往往能有更多面对面交流与传授的机会。安源、钟韵（2013）通过实证研究证明出：相较于显性知识溢出，隐性知识溢出对生态创业绩效产生更显著的影响，因为通过隐性知识溢出往往可以得到或形成更多难以复制与模仿的知识与能力（朱秀梅，2009）。由此提出：

H1：显性知识溢出与林区农户生态创业绩效有正相关关系；

H2：隐性知识溢出与林区农户生态创业绩效有正相关关系。

2. 吸收能力与生态创业绩效

吸收能力是一种学习及运用外部新知识，并将其转化利用的能力（Zahra，2002）。它主要体现在识别能力、理解能力、学习能力和应用能力（王国顺，杨昆，2011），吸收能力并不是简单的模仿，它帮助个体获取及调整外部经验，使之能够与自身经验相融合，是能够创造出新知识的能力（曹勇，向阳，2014）。吸收能力对于农户来讲是一种必需的技能，农户只有具备吸收能力，才能够完全的接收到知识溢出（王国顺，杨昆，2011），当农户与创业者的文化背景和价值观念越相似，二者的同一程度越高（张岚东，2003），他们的理解力就越相似，可以更有效地获取和运用知识，因此吸收能力能够更好地发挥作用（耿新，2009）。

本研究中，将吸收能力定义为学习、吸收及运用知识和技能的能力，它伴随着林区农户学习溢出的经验、理解化解经验内容、将经验与自身相结合最终在实践中得以运用的动态全过程。

林区农户生态创业者对获取到的外部知识进行一系列的整合消化，进而将其转化为可利用的知识能力，这种对新知识识别、整合、转化、应用的能力称为吸收能力。吸收能力在很大程度上决定了组织能否实现成功创新及创新绩效（Lichtenthaler，2013），具体表现为：

（1）林区农户通过政府教育、家传和邻里指导等方式培养吸收能力，进而提升其生态创业本领，生态创业本领再转化为生态创业绩效，具有较强吸收能力的林区农户往往更容易保持持续的创新性（周培岩等，2008）。

（2）由于集体林权制度的不断改革，林区农户的生态创业环境不断变化，林区农户能够通过吸收能力适应外界环境变化进而提升生态创业绩效（王天力，2013）。我国学者张杰等（2012）通过实证研究验证了吸收能力会直接影响生态创业绩效。由此提出：

H3：组织的吸收能力与其生态创业绩效有正相关关系。

3. 知识溢出与吸收能力

林区农户间吸收能力的差异会影响其对知识溢出的内部化应用效果，进而导致创新绩效差异化。实现将外部知识溢出内部利用的重要条件之一是具备一定的吸收能力（Griliches，1998）。针对林区农户产业现状，无论从其具备的硬件设备或是个人文化软实力都仍普遍低于其他产业水平。林区农户对知识溢出的识别能力较弱，这时吸收能力就起到至关重要的中间作用，这是由于：一方面是吸收能力可帮助林区农户有效捕捉获取更多、更丰富的外部知识溢出，激发他们的创新想法与能力，进而提升其生态创业绩效；另一方面是吸收能力越强，林区农户就越能高效率地利用外部的知识溢出，逐步完善内部先验性知识体系，提升其生态创业绩效（Zahra et al., 2002）。吸收能力越强，越有利于知识溢出的获取及向生态创业绩效的转化（Escribano et al., 2009）。Fosfuri 与 Tribó（2008）甚至认为外部知识溢出不能对组织的生态创业绩效产生直接影响，必须通过吸收能力的媒介作用才能得以实现。

另外，关于吸收能力在知识溢出影响组织创新绩效的过程中究竟发挥调节作用还是中介作用的说法不一。就林区农户而言，由于其住宅地理位置临近、家庭邻里关系亲密等，林区农户多呈现为集聚型组织结构，集聚型组织更有利于知识溢出的传播（Autant-Bernard, 2007）。可见，能否真正吸收利用这些溢出的知识成为影响生态创业绩效的关键因素而非调节因素。因此，可以将吸收能力定义为组织知识溢出影响生态创业绩效过程中的中介变量，即吸收能力越强，知识溢出对组织生态创业绩效的作用越显著，吸收能力在其中起中介作用。由此提出：

H4：吸收能力在显性知识溢出影响林区农户生态创业绩效的过程中发挥中介作用；

H5：吸收能力在隐性知识溢出影响林区农户生态创业绩效的过程中发挥中介作用。

根据所提出假设，建立概念模型如图 5-5 所示。

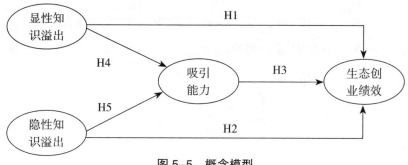

图 5-5　概念模型

5.3.2 研究测量

研究主要涉及 4 个变量，即显性知识溢出、隐性知识溢出、吸收能力和生态创业绩效，接下来通过量表对这四类变量进行测量。

研究量表参考国内外成熟量表，并结合我国林区农户特征进行修改而成。其中，显性知识溢出主要参考了 Jaffe（1986）等的量表，用 2 个题项测量，分别为：①能够从政府、邻居或合作伙伴中获得新的技术（艺）；②能够从政府、邻居或合作伙伴中获得（买到）新的工具。隐性知识溢出主要参考了 Sternberg 和 Horvath（1999），魏江（2003）等的量表，用 4 个题项测量，分别为：①能够从政府、邻居或合作伙伴中获得市场开发技能；②能够从政府、邻居或合作伙伴中获得生产运作技能；③能够从政府、邻居或合作伙伴中获得新产品及服务的开发技能；④能够从政府、邻居或合作伙伴中获得管理经验。吸收能力主要参考了 Mariano 和 Pilar（2005），Ari（2005），Justin（2005）的量表，用 4 个题项测量，分别为：①参与生态创业的人员之间有明确分工；②参与生态创业的人员之间能够即时传递重要信息；③有顺畅的融资渠道，必要时可以获得足够的资金进行生态创业；④能动员内外部很多资源进行生态创业。生态创业绩效主要参考了 Naman 和 Slevin（1993），Chandler 和 Hanks（1993），Cavalluzzo et al.（2004）等的量表，并根据我国文化和林区农户的认知特点做了修改，用 5 个变量测量，分别为：①跟生产同一产品的其他农户相比，我家的产品更赚钱；②外面市场不好的时候，我家也卖出的挺好；③我家的事业发展的比其他家快；④我家企业的产品和服务都让顾客感到满意；⑤我家生意现在已经有了很好的名声。

5.3.3 实证分析

1. 信度与效度检验

为进一步确保变量选择是否合适，本研究对量表进行了信度与效度的检验。在因子分析过程中分别对显性知识溢出、隐性知识溢出及吸收能力这三项及生态创业绩效这一项进行充分性检验。在显性知识溢出、隐性知识溢出及吸收能力三项的充分性检验结果中：KMO 样本充分性检验为 0.886，球形 Bartlett 检验 p 值为 0.000，表明适合做因子分析，其因子分析结果见表 5-4；在生态创业绩效这一项的充分性检验中：KMO 样本充分性检验为 0.868，球形 Bartlett 检验 p 值为 0.000，表明适合做因子分析，其因子分析结果见表 5-5。

表 5-4 显性知识溢出、隐性知识溢出、吸收能力因素分析结果（N=58）

测量项目	因素 1	因素 2	因素 3	类别	Cronbach α 系数
能够从政府、邻居或合作伙伴中获得新的技术（艺）	0.868	0.288	0.197	显性知识溢出	0.863
能够从政府、邻居或合作伙伴中获得新的工具	0.878	0.262	0.201		
能够从政府、邻居或合作伙伴中获得市场开发技能	0.245	0.850	0.248	隐性知识溢出	0.935
能够从政府、邻居或合作伙伴中获得生产运作技能	0.218	0.862	0.211		
能够从政府、邻居或合作伙伴中获得新产品及服务的开发技能	0.150	0.887	0.231		
能够从政府、邻居或合作伙伴中获得管理经验	0.279	0.832	0.198		
参与生态创业的人员之间有明确分工	0.193	0.030	0.815	吸收能力	0.894
有顺畅的融资渠道，必要时可以获得足够的资金进行生态创业	0.136	0.201	0.889		
具有顺畅技术协作渠道，遇到技术瓶颈时能获得支援	0.172	0.381	0.783		
能动员内、外部很多资源进行生态创业	0.109	0.418	0.781		

表 5-5　生态创业绩效因素分析结果（*N*=58）

测量项目	因素 1	类别	Cronbach α 系数
跟生产这个产品的其他农户相比，我家的产品更能赚钱	0.891	创业绩效	0.931
外面市场不好的时候，我家也卖出的挺好	0.894		
我家的事业发展的比其他家快	0.922		
我家企业的产品和服务都让顾客感到满意	0.861		
我家生意现在已经有了很好的名声	0.861		

可以看出，显性知识溢出、隐性知识溢出、吸收能力及生态创业绩效这 4 个变量的各题项因子载荷值均大于 0.7，特征值均大于 1。说明对于变量的测量具有较好的收敛效度。同时，量表各变量的 Cronbach α 系数均大于 0.8，说明量表具有很好的信度。通过检验，说明此量表可以有效测量显性知识溢出、隐性知识溢出、吸收能力及生态创业绩效 4 个变量，保证了对变量关系的进一步分析。

2. SEM 模型检验

在量表具有较好的信度与效度的基础上，本研究进一步通过采用 AMOS17.0 与 SPSS18.0 建立 SEM 模型。模型各项指标检验结果见表 5-6，修正后的概念模型如图 5-6 所示。由表 5-6 可以看出，H2、H3、H4、H5 得到证实，H1 未得到证实，即 SEM 模型结果表示：显性知识溢出与林区农户生态创业绩效有正相关关系；吸收能力与林区农户生态创业绩效有正相关关系；吸收能力越强，知识溢出（包括显性知识溢出和隐形知识溢出）对林区农户生态创业绩效的作用越显著；隐性知识溢出不能对林区农户生态创业绩效产生直接影响，必须通过吸收能力的中介作用才能实现。可见，林区农户间的隐性知识溢出影响必须通过吸收能力这一中介变量才能完成向生态创业绩效的转化。

3. 模型拟合优度检验

关于此 SEM 模型的拟合度检验见表 5-7，拟合指标卡方与自由度之比是 2.824，AGFI 和 NFI 的值分别为 0.804 和 0.902，IFI 和 CFI 的值均为 0.934，RMSEA 为 0.098，可见本模型模型拟合效果良好。

表 5-6 SEM 模型相关路径检验

			Estimate	S.E.	C.R.	P	是否通过检验
吸收能力	←	显性知识溢出	0.221	0.066	2.851	**	是
吸收能力	←	隐性知识溢出	0.501	0.077	7.630	***	是
创业绩效	←	吸收能力	0.244	0.069	3.862	***	是
创业绩效	←	隐性知识溢出	0.056	0.088	0.600	0.711	否
创业绩效	←	显性知识溢出	0.317	0.078	4.279	***	是

表 5-7 模型拟合优度检验结果

	X^2	df	X^2/df	AGFI	NFI	IFI	CFI
标准			<5	>0.8	>0.9	>0.9	>0.9
拟合效果	240.034	85	3.412	0.834	0.902	0.904	0.901

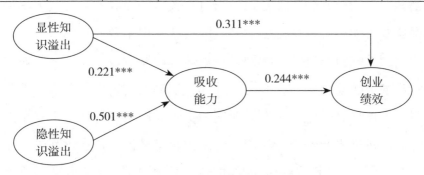

图 5.6 SEM 模型路径图

5.3.4 结论与讨论

本节以林区农户生态创业绩效为研究核心，探讨知识溢出、吸收能力与林区农户生态创业绩效的关系。通过对来自我国南方十省的样本数据进行实证分析得出：在提出的 H1、H2、H3、H4、H5 五个假设中，H2、H3、H4、H5 得到了证实，说明吸收能力对林区农户生态创业绩效产生直接的正向影响，也可以作为中介变量作用于显性、隐性知识溢出对林区农户生态创业绩效的影响过程，另外，显性知识溢出可以直接影响林区农户生态创业绩效；H1 没有得到证实，说明隐性知识溢出不能直接影响林区农户生态创业绩效，必须通过吸收能力这一中介变量才能发挥其作用。因此，本节结论可归纳为两点：

（1）吸收能力可直接或以中介变量的形式影响林区农户生态创业绩效。

（2）显性知识溢出能直接对林区农户生态创业绩效产生影响，但隐性知识溢出不能对生态创业绩效发挥直接作用，这有悖于 Zoltan J, Acs 等（2013）提出的隐性知识溢出相较显性知识溢出更能直接影响组织创新生态创业绩效的观点。

就吸收能力对林区农户生态户生态创业绩效的影响而言，一方面是当林区农户感知到外部知识溢出时，较低的吸收能力使其无法准确捕捉这些可能会提升生态创业绩效的机会。由于政府对林区农户生态创业政策的扶持与宣传，特别是在集体林权制度改革后，林区农户对于知识的吸收能力提高，实现对外部知识溢出的辨别、获取、消化与利用，进而将其转化为生态创业绩效，吸收能力在知识溢出对生态创业绩效的影响中起到中介作用；另一方面是林区农户运用其吸收能力实现对自家生态创业资源的内部更新、重置与整合，吸收能力将直接影响生态创业绩效。这一结论证实了本文所提出的概念模型，证实了吸收能力对林区农户生态创业绩效的影响途径，为今后相关政策的制定提供了理论依据。

就知识溢出对林区农户生态创业绩效的影响而言，林区农户通常通过电视、互联网和政策宣传等媒介获取显性生态创业知识溢出，提升生态创业绩效。另外，关于实证研究中证明的隐性溢出不能对林区农户生态创业绩效产生直接影响这一观点，可能存在两点原因：其一，获取隐性知识溢出往往需要面对面的交流沟通，而林区农户的知识文化水平普遍较低，信息表达与交流能力不强，因此可获取的隐性知识溢出有限，而这些片面的、琐碎的隐性知识溢出很难对生态创业绩效产生直接影响。即使获得了大量隐性知识溢出，也由于吸收能力的不足无法转化为生态创业绩效；其二，不同于互联网、颁布政策等途径，面对面的交流沟通往往带有更多的个人主观色彩。而林区农户生态创业属于风险厌恶型生态创业，他们可能会因为生态创业风险与竞争压力的存在而无法完全相信这些隐性的知识溢出，隐性知识溢出对生态创业绩效不能产生显著的直接影响。

5.4 本章小结

从创业绩效方面来看，林区农户的家族资本和邻里资本可以对生态创业绩效产生直接和间接影响，且社会资本对林区农户生态创业绩效的影响存在知识溢出这一中介变量。同时，林区农户的知识吸收能力可直接或以中介变量的形式影响林区农户生态创业绩效；知识溢出效应则可细分为显性知识溢出和隐性知识溢出。前者能直接对林区农户生态创业绩效产生影响，后者则不能对生态创业绩效发挥直接作用。

第6章 林区农户创业的生态保护机理分析

按照本研究界定，林区农户生态创业是指对生态具有保护、至少不损害生态的创业行为。因此，本章研究林区农户创业的生态保护机理，为后续培育路径的构建奠定基础。

6.1 研究视角

按照一般逻辑，林区创业农户对生态进行保护受两个因素的影响。第一，创业农户受自身生态态度的影响，也就是自身的认知。第二，创业农户受外部社会资本的影响，即受来自家族、邻里或政府外部压力的影响。基于这一认识，本研究主要从生态态度和外部影响两个角度分析林区农户创业的生态保护机理。

注：本章部分内容曾以英文发表于《Sustainability》2018年第10卷，Do1:10.3390/ysu1006182。

有研究表明，生态态度直接影响生态保护行为，生态态度分为个人效力感知、生态知识、生态感知严重性和生态情感等维度（彭远春，2015），林区创业农户尤是如此。现在是集体林权改革后的重要发展阶段，创业林区农户与林区直接接触，二者之间互益互惠，保护作用大，农户创业会直接作用于林区生态环境，产生正面或负面效应。虽然创业林区农户开始普遍关心生态保护的问题，然而在认知与行为间还存在较大差异。林区农户创业对林区生态环境产生的正负面效应取决于林区农户的生态行为。因此，厘清影响创业林区农户生态保护行为的主要因素及其路径是推进林区生态保护的关键。

有研究指出，社会资本与生态环境保护之间紧密相连。谭荣（2012）在对陕西省安康市农户环境行为影响因素分析中得出社会资本是对农户环境行为影响普遍显著的因素，并提出社会资本社区性特点和对人们行为的约束性特点是影响农户环境行为的主要因素。本研究认为，社会资本对林区农户生态保护行为的影响在林区农户生态创业过程中产生作用，即社会资本可决定生态创业林区农户在生态创业过程中采取生态保护还是生态破坏行为。一方面，各项社会资本的出资者通过生态创业投资影响甚至控制生态创业林区农户的生态环境行为；另一方面，由于存在社会资本的支持，生态创业林区农户自主选择生态环境行为。从逻辑上讲，如果一项社会资本能促使林区农户生态保护行为的产生，在确定各类资本对林区农户生态保护行为的作用效果后，通过社会资本组合的控制，可使林区农户生态创业行为向生态保护的积极层面发展。因此，研究各项社会资本对生态创业林区农户生态保护行为的影响具有重要意义。

综合起来，林区农户创业的生态保护机理研究视角如图6-1所示。

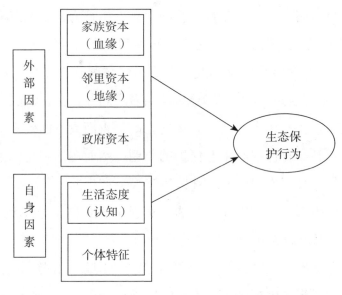

图 6-1　林区农户创业的生态保护机理研究视角

本章主要采用实证分析方法进行研究，其数据与第五章数据来自同一问卷。由于第五章已对数据进行详细说明，因此本章不对数据来源、结构等信息做重复性说明。

6.2　林区创业农户生态态度影响生态保护行为的机理分析

需要指出的是，大量国内外研究仅考察了生态态度对生态行为的直接效应，其内部生态认知借助生态感知严重性、生态情感等中介因素对生态行为有着怎样影响值得进一步探究。影响创业林区农户对生态保护行为的因素，并不能简单地用单一指标来衡量，要结合多个因素及其作用机理进行全面地分析。现有研究大多局限于定性分析，几乎没有从心理影响因素层面，基于定量的实证检验影响因素间相互作用路径及作用强度。本研究通过调查问卷取得相关数据，构建影响林区农户生态保护行为的生态态度因素框架，基于结构方程模型，得出路径系数，并进一步讨论了生态态度内部各因素之间的相互联系和作用机理，以期为林区创业农户对生态保护水平的提高提供参考。

6.2.1 理论分析和假设提出

在生态保护行为的研究领域中，Ramkissoon（2013），Rees、Klug、Bamberg（2015）等验证并研究了生态态度以及生态态度不同的具体维度与环境保护行为的关系，认为生态情感和生态态度、实际生态保护行为显著相关。从态度要素出发，环境态度研究学者 Fraj、Martinez（2007）等将生态态度划分为认知、情感、意向 3 个维度。在王建明、郑冉冉（2011）拓展的"知信行"模型中，"知"被理解为"认知和观念"，具体涵盖环境感知、环境知识以及消费观念；"信"则被理解为"情感和意识"，具体分为生态情感、感知个体效力以及社会责任意识。

本研究将生态态度细分为认知和情感两个主要成分，其中认知具体包括生态知识和个人效力感知，情感包括生态问题感知和生态情感。据此，本研究提出如图 6-2 所示的概念模型。其中，认知是指个人经过意识活动从而产生的对生态的认识与理解以及感知个体对生态的影响力程度的心理历程；情感指个体对生态态度的情绪反应和生态感知严重性程度的主观情感判断，即对生态环境做出的好与坏、肯定与否定的情绪判断。

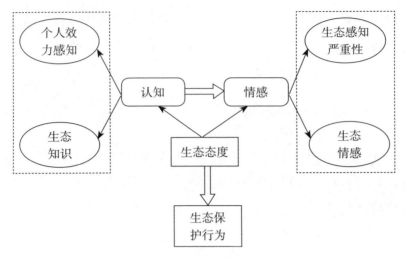

图 6-2 概念模型

1. 生态知识与林区农户生态保护行为

生态知识作为生态偏好或生态意识的影响因素很早就被许多学者注意到。Hines（1986）首先对环境知识进行了分类。此后，不同的学者分析了三类环境知识对环境行为的影响。一些实证研究（于伟，2010）发现了生态知识对生态行为的直接作用，林区农户间生态知识了解与认知的心理历程差异会影响其对生态情感的作用效果，进而导致生态保护行为差异化，实现将生态知识水平转为生态保护行为的重要条件之一是具备一定的生态情感。农户生态知识水平高，但是生态保护行为毕竟是利他行为，很难直接转化为生态保护行为。Williams等（2015）认为增加知识，会产生积极的生态态度，这时生态情感就起到至关重要的中间作用。Chiu（2014）等对生态旅游者环保行为的研究证实了生态情感等环境态度在个体行为决策中起到了显著的中介作用。此外，生态感知严重性研究的内容主要涉及气候变化、生态环境变化和环境问题，以及影响感知的因素。因此，林区创业农户的生态问题感知严重性与其所知道的生态知识相互关联。林区农户了解大量的生态知识时，进而会更加清楚生态问题的严重程度，感知到生存环境的严重性，进而个体生态问题感知将生态知识内化，形成积极的生态情感，产生积极的生态行为。据此，提出如下假设：

H1：生态知识与生态保护行为具有正相关关系；

H2：生态情感是生态知识与生态保护行为的中介；

H3：生态感知严重性是生态知识和生态情感的中介。

2. 个人效力感知与林区农户生态保护行为

对于生态保护行为的个人效力感知是指一个人对他所采取的行为是否会改变现状的自我认知。学者 Roberts（1996）的研究发现，个体感知效力成为对生态保护行为影响最为显著的因素，现实的生态感知对个人效力感知有重要的影响，会为个体对生态价值的判断产生影响，当感知到生态环境很糟糕时，个体效力感知会很小（朱清，2010）。Ellen（1991）通过对个人效力感知的研究发现，一些特定的生态行为能够被个人效力感知预测，当个人感知某行为所产生的实际影响力被提升，其对生态问题的感知能够被进一步提升。周玲强等（2015）认为感知行为效能对旅游者环保行为意愿具有显著的正向影响，且这一影响过程是通过生态情感这一中介环节实现的，可以提出生态情感是个人效力感知和生态保护行为的中介作用。因此，提出如下假设：

H4：个人效力感知与生态保护行为具有正相关关系；

H5：个人效力感知与生态感知严重性具有负相关关系；

H6：生态情感是个人效力感知和生态保护行为的中介。

3. 生态感知严重性与林区农户生态保护行为

Kassarjian（1971）针对低污染汽油的购买情况，对消费者做了一个实验。研究表明,显著影响消费者是否愿意多支付钱而去购买绿色油品的重要因素是消费者对生态环境污染感知严重性。此外,当消费者对生态感知严重性认识较高时,会激发消费者的生态情感,进而去购买绿色汽油,减少生态环境污染。Mi Jin(2010)发现,生态问题感知对生态态度有正向影响。Hoosuk(2013)认为一般情况下,生态感知需要经过生态态度或者特定的情感才能转化成某种行为。而Bergeron 等(2001)认为生态感知严重性会直接影响生态保护行为。据此,提出如下假设:

H7:生态感知严重性与生态情感具有正相关关系;

H8:生态感知严重性与生态保护行为具有正相关关系。

4. 生态情感与林区农户生态保护行为

有学者在研究时把对于生态的情感作为重要因素纳入了环保行为研究变量,Vining 和 Ebreo(2004)在环保行为文献研究总结时就指出了情感对环保行为的重要性,指出情感是人们对行为或事物引起重视并感觉到与自身相关联的重要决定因素;我国香港学者 Chung、Poon(2000)在对广州市 758 位市民所作的关于垃圾减量化的调查中使用 NEP 量表测量证明:具有较高环境情感的市民较多主动采取垃圾管理行为。Ryu(2015)在实验中发现,积极的生态情感对生态的积极行为有显著的正向影响。据此,提出如下假设:

H9:生态情感与生态保护行为具有正相关关系。

根据所提出假设,建立模型如图 6-3 所示。

第 6 章 林区农户创业的生态保护机理分析

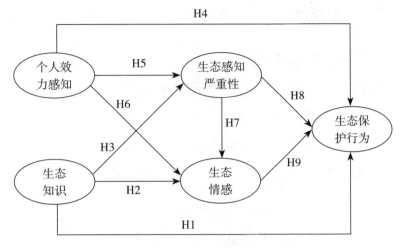

图 6-3 生态态度内部作用机理模型

6.2.2 研究测量

本研究量表主要参考国外已有的成熟量表,同时结合我国林区农户实际情况进行问卷编制。通过构建 14 个指标的影响因素框架进行实证研究,具体指标见表 6-1。

表 6-1 变量设计

外生潜变量	观测变量
个人效力感知	个人对保护生态环境很难起到什么作用(个人效力感知1) 感觉自己对保护生态环境无能为力(个人效力感知2)
生态知识	"白色污染"了解程度(生态知识1) "生物多样性"了解程度(生态知识2) "有机食品"了解程度(生态知识3)
生态问题感知严重性	农村环境污染问题越来越严重(生态问题感知1) 农村生态环境问题到了要尽快解决的地步(生态问题感知2) 现在农村的居住环境也在恶化(生态问题感知3)
生态情感	看到有人乱倒垃圾时,我会反感(生态情感1) 看到河水又脏又浑时,我会感觉不舒服(生态情感2) 看到山林被毁,我会很痛心(生态情感3)
生态保护行为	在生产、生活中尽量使用有利于生态环境的产品(保护行为1) 在生产中会有意识生产有利于生态环境的产品(保护行为2) 在生产中会考虑节水\节电(保护行为3)

6.2.3 实证分析

1. 信度与效度检验

从表 6-2 可以看出，除个别值外，各测量指标的因子载荷系数均大于 0.7，各因子的组合信度均大于 0.8，潜变量的 Cronbach α 值均大于 0.8。各个变量具有较高的内在一致性，可以认为本量表具有很好的信度和效度。

表 6-2 信度效度分析结果

一级指标	二级指标	载荷系数	组合信度	Cronbach's Alpha
个人效力感知	个人对保护生态环境很难起到什么作用 感觉自己对保护生态环境无能为力	0.905 0.905	0.901	0.815
生态知识	"白色污染"了解程度 "生物多样性"了解程度 "有机食品"了解程度	0.867 0.922 0.649	0.859	0.811
生态问题感知严重性	农村环境污染问题越来越严重 农村生态环境问题到了要尽快解决的地步 现在农村的居住环境也在恶化	0.871 0.828 0.884	0.896	0.900
生态情感	看到有人乱倒垃圾时，我会反感 看到河水又脏又浑时，我会感觉不舒服 看到山林被毁，我会很痛心	0.848 0.881 0.755	0.868	0.876
生态保护行为	在生产、生活中尽量使用有利于生态环境的产品 在生产中会有意识生产有利于生态环境的产品	0.895 0.821	0.900	0.892

2. 结构方程模型检验

在数据具有好的信度与效度的基础上，本研究进一步建立了影响因素间的结构方程模型。在 AMOS22.0 软件中建立概念模型，导入 SPSS16.0 的数据，其各项指标检验结果见表 6-3。经过检验和调整，修正后的概念模型及求解路径系数如图 6-4 所示。由表 6-3 可以看出，结构方程模型结果表示 H2、H3、H5、H7、H9 得到证实，H1、H4、H6、H8 未得到证实。

表 6-3　SEM 模型相关路径检验

			Estimate	S.E.	C.R.	P	是否通过检验
感知严重性	←	个人效力感知	0.295	0.089	3.318	***	是
感知严重性	←	生态知识	0.632	0.116	5.438	***	是
生态情感	←	生态知识	0.141	0.068	2.086	0.037	是
生态情感	←	感知严重性	0.284	0.043	6.633	***	是
生态情感	←	个人效力感知	-0.077	0.052	-1.494	0.135	否
生态保护行为	←	生态情感	0.640	0.086	7.415	***	是
生态保护行为	←	感知严重性	0.058	0.050	1.150	0.250	否
生态保护行为	←	个人效力感知	-0.104	0.056	-1.846	0.065	否
生态保护行为	←	生态知识	-0.107	0.073	-1.465	0.143	否

3. 模型拟合优度检验

对模型调整后，SEM 模型的拟合度检验见表 6-4，拟合指标卡方与自由度之比是 2.51，GFI 和 NFI 的值分别为 0.922 和 0.932，IFI 和 CFI 的值分别为 0.958 和 0.957，RMSEA 为 0.076 小于 0.08，可见模型模型拟合效果很好。

表 6-4　模型拟合优度检验结果

	X^2	df	X^2/df	GF	NFI	IFI	CFI
标准			<3	>0.9	>0	>0.9	>0.9
拟合效果	237.0	71	2.51	0.92	0.93	0.958	0.95

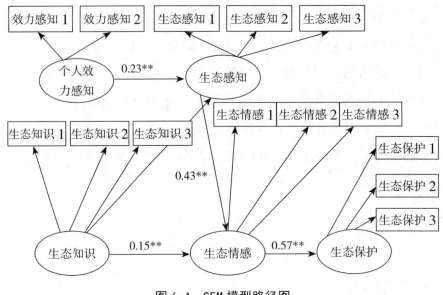

图 6-4 SEM 模型路径图

4. 中介效应分析

本文在结构方程模型验证的基础上进一步检验生态问题感知是生态知识与生态情感之间的部分中介效应。数据分析结果显示（见图 6-5），生态知识对生态保护的关系显著（$\beta=0.091$，$p=0.044<0.05$）；生态知识与生态情感之间关系显著（$\beta=0.253$，$p=0.000<0.05$）；生态情感与生态保护之间关系显著（$\beta=0.517$，$p=0.000<0.05$）；当生态知识和生态情感共同作用于生态保护时，直接效应（$\beta=-0.045$，$p=0.274>0.05$）不显著，间接效应（$\beta=0.538$，$p=0.000<0.05$）达到了显著性水平。因此，生态情感在生态知识和生态保护间具有显著的完全中介效应。或者说，生态知识对林区农户生态保护行为的作用效果，主要通过以生态情感为中介变量的间接效应而实现。由此可见，如果仅关注林区农户的知识性是不够的。引起林区农户的情感共鸣，才是关键。

图 6-5 完全中介效应路径图

6.2.4 小结

林区农户生态保护行为心理影响因素之间并不是相互独立的,而是相互联系、相互影响的。通过分析生态态度内部的作用机理,研究发现了生态态度对林区农户生态保护行为的作用路径。简单提高某个心理影响因素的水平,不一定能直接改善林区农户对生态的保护行为水平。了解各影响因素之间的相互关系与路径,把握关键影响因素,才是有效增强生态保护行为的关键所在。结论表明,生态态度作用于林区农户生态保护具体包括 5 条路径:

路径 1:只有生态情感这一关键因素能直接作用于生态保护行为。因此,要牢牢把握这一关键因素。

路径 2:生态知识通过生态情感这一中介因素作用于生态保护行为。由于林区农户的受教育程度和科学水平不高,生态知识水平较低,没有从知识水平上意识到自身行为对生态环境的影响,达不到知行合一,还不能上升到知识作用于生态保护行为的效果高度,因此,在知情行模型中,需要通过生态情感的诉求,才能转化为生态保护行为。

路径 3:生态感知严重性通过生态情感作用于生态保护行为,感知越严重,越激发林区农户对生态的同情和关心等情感,从而产生积极的生态行为。

路径 4:生态知识作为内生的作用因素,也可以从生态感知严重性的角度作用于生态情感,从而影响创业农户间生态保护行为。

路径 5:个人效力感知与生态感知严重性具有负相关关系,个人效力感知越低，生态感知严重性越高，从而使个人效力感知通过感知严重性和生态情感作用于生态保护行为。

6.3 林区创业农户社会资本影响生态保护行为的机理分析[①]

随着《中共中央国务院关于全面推进集体林权制度改革的意见》文件的下达与实施，林地使用权和林木所有权逐渐明晰，为林区农户提供了生态创业的条件与机会。从 2008 年开始，林区农户生态创业进入迅速发展阶段。

林区农户生态创业对生态环境产生直接影响。一些农户在生态创业过程中产生生态保护行为，主要体现在开展森林旅游、保护生物多样性和森林水源涵养等方面。另一些农户在生态创业过程中采取生态破坏行为，主要体现在生态公益林的丧失、林木滥伐和生态多样性减少等方面。林区农户生态创业对林区生态环境产生积极或消极的影响取决于生态创业林区农户生态保护行为。

6.3.1 理论分析与假设提出

对现有文献分析发现，过去对农民生态保护行为的影响因素分析局限于农民环境问题意识程度、环境满意度、生态保护动力和收入状况等方面，而忽略了社会资本对农民生态保护行为的影响。在此基础上，本研究对林区农户生态保护行为的影响因素做进一步分析，主要研究社会资本对林区农户在生态创业过程中生态保护行为的影响。

本研究将生态创业林区农户能够获取的社会资本划分为家族资本、政府资本和邻里资本。其中，家族资本是指生态创业林区农户或

[①] 本节部分内容发表于《中国农村观察》2017 年第 2 期，第 81-92 页。

家族内部其他成员为促使生态创业行为发生提供的资本；政府资本体现在政府部门为林区农户生态创业者提供生态创业支持，如小额贴息贷款、科技服务和开设生态创业课堂等；邻里资本是农户间信息与资本共享形成一种新的资本，体现为林区农户紧密联系形成的技术交流、信息流通和规模效应等。

1. 政府资本、邻里资本与林区农户生态保护行为

一方面，政府作为公共管理部门，谋求社会与生态和谐发展是政府管理的目标之一。另一方面，随着就业压力增长，鼓励生态创业成为政府解决就业问题的一个途径。通过对林区生态创业农户经济和政策扶持，在解决就业问题的同时，达成生态保护的管理目标。因此，本研究认为政府资本能够制止林区农户在生态创业过程中产生生态破坏行为，促使生态保护行为发生。由于林区农户生态创业区域地理位置的特殊性，在生态创业过程中对生态环境产生的影响可能对邻里日常生活产生影响。任何人都希望生活的区域内有良好的生态环境，因此邻里资本会促进生态创业林区农户生态保护行为的产生。政府资本、邻里资本与林区农户生态创业行为对环境影响之间的逻辑关系如图6-6所示。

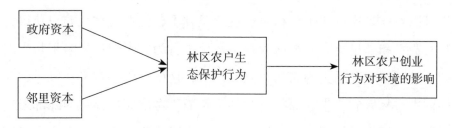

图 6-6 外部资本与林区农户生态创业行为对环境影响的逻辑关系

据此提出以下外部资本与林区农户生态保护行为之间关系的假设：

H1：政府资本与林区农户生态保护行为具有正相关关系；

H2：邻里资本与林区农户生态保护行为具有正相关关系。

2. 家族资本与林区农户生态保护行为

家族资本与林区农户生态保护行为的相关性是不确定的。一方面，农民的选择具有经济理性，由于林区农户对未来发展的短视和经济利益的追求，采取生态破坏行为，则家族资本与林区农户生态保护行为呈负相关关系。另一方面，由于生态创业地域在林区范围内，林区农户出于居住地生态可持续发展的考虑，采取生态保护行为，则家族资本与林区农户生态保护行为呈正相关关系。据此提出以下家族资本与林区农户生态保护行为之间关系的假设：

H3：家族资本与林区农户生态保护行为具有正相关关系。

3. 本研究视角

一般而言，在我国农村由于以家庭为中心的地缘与血缘关系的存在，形成一个特殊的社会圈子。在包含了嫡亲、宗族、邻里和街坊的社会关系中，各类资本之间的界线并不十分清晰，以生态创业林区农户的家族资本为中心会衍生出其他资本形式。例如社会圈子中的某一人从事政府部门的工作，林区农户由此可获得的政府扶持和政策优惠等资源可视为一项社会资本，而从邻里处获得的有效信息和技术支持均可以看作是家族资本的衍生。在此条件下，仅考虑林区农户获得的政府资本和邻里资本对林区农户生态保护行为的影响就忽略了与生态创业林区农户关系更为密切的家族资本，使研究失去意义。仅考虑家族资本对林区农户生态保护行为的影响而不考虑实际存在的外部影响因素，使研究结果不切合实际。因此，本研究将两者结合，在考虑家族资本对林区农户生态保护行为的同时引入政府资本和邻里资本两个外部影响因素。在家族资本与政府资本、邻里资本方面，提出如下假设：

H4：家族资本与政府资本具有正相关关系；

H5：家族资本与邻里资本具有正相关关系。

本研究逻辑为：家族资本对林区农户生态保护行为具有直接影响，并在政府资本和邻里资本两个外部因素的作用下对林区农户生态保护行为产生影响。根据本研究逻辑和五个研究假设，构建概念模型如图6-7所示。

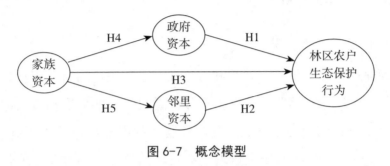

图 6-7 概念模型

6.3.2 研究测量

本研究共涉及家族资本、政府资本、邻里资本和林区农户生态保护行为四个变量，均可通过量表进行测量。家族资本采用5个题项进行测量，具体为：①你家族有人从事相关行业；②你经常会从家族内部获得相关行业的信息；③你从事该行业是受家族内部其他成员行为的影响；④你在从事该行业的过程中经常收到来自家族内部其他成员的指导和鼓励；⑤你的家庭、宗亲在公司的发展过程中起到了不可替代的作用。政府资本采用4个题项测量，具体为：①你认识很多政府部门的办事人员；②政府提供资金支持；③政府为产品销售提供支持；④政府组织培训。邻里资本采用5个题项测量，分别为：①很容易了解行业内其他产品的生产情况；②邻居之间经常沟通、协作；③经常与外村、镇上相关组织联系，交换信息；④很容易从外部获取信息；⑤从外部渠道获取的信息正确、及时、有效。林区农户生态保护行为采用3个题项测量，分别是：①我在生产、生活中尽量使用有利于生态环境的产品;②我在生产中会有意识生产有利于生态环境的产品;③我在生产中会考虑节水或节电。

在测量时,采用LIKERT7级量表,其中"1"表示非常不同意、"4"表示中性、"7"表示非常同意。

6.3.3 实证分析

1. 信度与效度检验

为保证研究结果的有效性和可靠性,进一步检测所使用量表的效度和信度。通过对回收的192份有效问卷对量表的信度和效度进行检验,因素分析结果见表6-5。变量各题项的因子载荷均大于0.5,特征值均大于1,说明本研究量表具有较好的效度。同时,量表各因素的Cronbach α系数均大于0.7,说明量表具有较好的信度(Stevens,1992)。因此,效度和信度检验表明量表有效测量了家族资本、政府资本、邻里资本和林区农户生态保护行为四个变量,可以进行后续研究。

表6-5 信度与效度检验结果

测量项目	因素1	因素2	因素3	因素4	类别	Cronbach α 系数
你家族有人从事相关行业	0.882	<0.1	<0.1	0.123	家族资本	0.928
你经常会从家族内部获得相关行业的信息	0.903	<0.1	<0.1	0.123		
你从事该行业是受家族内部其他成员行为的影响	0.898	0.128	0.113	<0.1		
你在从事该行业的过程中经常收到来自家族内部其他成员的指导和鼓励	0.757	0.280	0.228	<0.1		
你的家庭、宗亲在公司的发展过程中起到了不可替代的作用	0.837	0.124	0.167	<0.1		
你认识很多政府部门的办事人员	0.158	0.305	0.643	0.171		

续表

测量项目	因素1	因素2	因素3	因素4	类别	Cronbach α 系数
政府提供资金支持	0.158	0.126	0.864	<0.1	政府资本	0.853
政府为产品销售提供支持	0.248	<0.1	0.847	<0.1		
政府组织培训	<0.1	0.132	0.863	−0.13		
很容易了解行业内其他产品的生产情况	0.266	0.673	<0.1	0.168	邻里资本	0.872
邻居之间经常沟通、协作	0.282	0.675	<0.1	0.149		
经常与外村、镇上组织联系，交换信息	<0.1	0.860	0.171	<0.1		
很容易从外部获取信息	<0.1	0.884	0.213	<0.1		
从外部渠道获取的信息正确、及时、有效	<0.1	0.832	0.236	<0.1		
生产、生活中尽量使用利于生态环境的产品	<0.1	<0.1	<0.1	0.924	保护行为	0.911
我在生产中会有意识生产有利于生态环境的产品	<0.1	<0.1	<0.1	0.936		
我在生产中会考虑节水或节电	0.115	<0.1	<0.1	0.870		

2. 结构方程模型检验

本节使用AMOS17.0和SPSS16.0软件检验结构方程模型的拟合性。在AMOS17.0软件中建立概念模型，并从SPSS16.0中导入数据，得到了如表6-6的检验结果。

表6-6 SEM相关路径检验指标

	Estimate	S.E.	C.R.	P
政府资本←家族资本	0.252	0.063	4.016	0.000
邻里资本←家族资本	0.249	0.079	3.161	0.002
生态保护行为←政府资本	−0.143	0.067	−2.130	0.033
生态保护行为←家族资本	0.184	0.062	2.948	0.003
生态保护行为←邻里资本	0.073	0.041	1.783	0.075

据此，概念模型可修正为如图6-8所示。

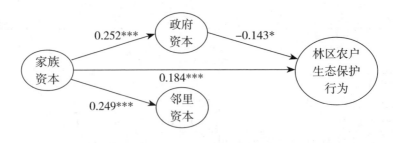

图 6-8　SEM 模型路径图

按照以上检验，H1、H3、H4 和 H5 得到检验结果，H2 没有得到证实。因此，结构方程模型检验详细结果为：家族资本与政府资本具有正相关关系；家族资本与邻里资本行为具有正相关关系；家族资本与林区农户生态保护行为具有正相关关系；政府资本与林区农户生态保护行为具有负相关关系；邻里资本与林区农户生态保护行为不存在相关关系。

6.3.4　小结

从以上检验结果可以看出，在 H1、H2、H3、H4 和 H5 五个假设中，H3、H4 和 H5 得到了证实，H1 的检验系数表明政府资本与林区农户生态保护行为呈负相关。其中 H4 和 H5 的证实说明家族资本可以衍生出政府资本和邻里资本的假设成立；H1、H2、H3 检验结果说明在构成林区农户生态创业资本的家族资本、政府资本与邻里资本中，只有家族资本能够直接促使农户在生态创业过程中采取生态保护行为，政府资本的支持会导致生态创业林区农户的生态创业行为对生态环境保护产生负面效应，而邻里资本不能够对林区农户采取生态保护行为或是生态破坏行为产生影响。因此，研究结论可总结为两点：①家族资本与林区农户生态保护行为之间关系密切，家族资本可以促使林区农户进行生态环境保护，且二者之间的联系不受外部因素的影响。

②在获得政府资本支持后,林区农户会忽略其生态创业行为对生态环境造成的影响,产生负面效应。

研究认为家族资本能够直接促使生态创业林区农户采取生态保护行为的原因有两点,一是林区农户生态创业地域是以家族居住地为圆心的林区范围内;二是在农村地区,家族(宗族)的文化和制度对家族中的个人有深远的影响。在我国农村,家族(宗族)有聚族而居、居住地相对稳定的特点,家族中任何成员都不希望世世代代生存的空间受到生态破坏的威胁,因而家族成员在生态创业过程中会采取生态保护行为。此外,家族(宗族)作为一个非正式组织,具有组织原则,并由家族中老者担任管理者,家族文化对个体的影响以及家族组织原则、管理者对个体的限制都能够尽可能地避免家族中的生态创业个体为获取经济利益采取生态破坏行为。

政府资本会导致生态创业林区农户不采取生态保护行为这一结论,在现实生活中是存在的。一般而言,生态创业林区农户取得政府资本是通过与政府单位办事人员良好的人际关系,通过这种方式取得的政府资本会导致以下几个后果:一是政府资本投资农户生态创业的门槛降低,对环境造成破坏的生态创业项目得到政府资本支持;二是由于与政府办事人员的往来,生态创业林区农户认为可以逃避政府部门对其生态破坏行为的处罚,进而有恃无恐,以生态破坏为代价换取经济利益实现;三是政府办事人员对农户生态创业造成生态破坏的后果监管不力,甚至故意纵容违法违规行为。可见,政府的规章制度及其执行的流程需要优化。

地缘与亲缘关系的存在导致家族资本与邻里资本界限不清和邻里资本不能影响林区农户生态保护行为,这二者不是一对矛盾,其原因是差序格局理论的存在。在差序格局中,社会关系是以单位个人为中心，由人及人地向外延伸使私人联系增加，最终构成一个网络。在以单位林区农户为中心的人际网络中，同样存在关系亲疏之分，在涉及近亲利益的情况下，林区农户会顾虑近亲的利益，而在仅涉及街坊邻里利益的条件下，林区农户则会以自身利益为大。因此，在提及林区农户在生存空间内的生态保护行为时，家族资本对其有直接影响，邻里资本则无显著影响。归根结底，这是小农意识形态中以自身利益为中心、公共意识淡薄的缘故。

6.4 本章总结

本章从林区农户创业的生态保护行为入手，对林区农户的生态创业机理进行了详细的分解。

从林区农户的生态保护行为方面来看，林区农户的生态创业行为可以体现在其最终的生态创业绩效和生态创业过程中所实施的生态行为上。一方面，林区农户的生态保护行为也受到生态知识、生态情感和责任意识的影响，同时，社会资本要素会影响林区农户在生态创业过程中的生态保护行为，这些都在实证中得到了证实。研究同时证实：

（1）生态知识对林区农户的生态保护行为产生影响，但生态知识需要通过林区农户的生态情感和责任意识才能发挥效用。

（2）家族资本可以激励林区农户对生态环境的保护行为，而政府资本的支持则会令林区农户忽略其生态创业行为对生态环境造成的影响，产生负面的生态行为。

第7章 林区农户生态创业培育路径构建研究

本章在林区农户生态创业影响因素与农户生态创业机理分析的基础上,解析林区农户生态创业培育路径构建的理论基础,构建林区农户创业培育路径,并提出相应的对策和建议。

7.1 构建视角

按照马克思政治经济学理论,除土地资源外,生产要素还包括资本、技术和管理。林区创业农户作为创业群体中的一部分,仍需具备以上三要素(土地资源等已具备)。同时,本研究在影响因素和机理分析中发现,资金问题是制约林区农户创业选择的主要因素,技术因素是林区农户创业成功与否的关键因素,管理因素是林区农户进行创业并影响其创业进程的基础因素。因此,构建林区农户创业培育路径应从金融扶持、技术引进及管理引入三个方面开展。

7.1.1 金融扶持

本研究通过结构方程模型分析得出,林区农户家庭年收入与林区农户生态创业呈显著相关关系。社会资金的注入为林区农户生态创业既可以带来资金,也可以带来先进技术,对林区农户生态创业绩效具有间接影响。因此,如何为林区农户创业筹集启动资金,并保证在生产经营过程中具有充足的流动资金是使其生态创业顺利开展的重要条件。

7.1.2 技术引进

创业成功的关键在于核心竞争力的掌握与管理。由于信息来源缺乏以及受教育程度低等问题,林区农户创新能力受到制约。因此,林区农户的技术水平直接影响着生态创业的成功。通过结构方程模型分析可以看出,涉林手艺与林区农户生态创业呈显著相关关系。因此,如何提高林区农户对技术的掌握能力成为生态创业的关键。

7.1.3 管理引入

"公司+农户"、"公司+基地+农户"和农民专业合作社等模式有力促进了生态创业的发展。在这些创业模式中,公司和合作社的建立减轻了农户的风险压力,提升了农户的生产技术水平,使经营规模扩大到了单一农户生产无法达到的水平,从而提升了林区农户生态创业的绩效。同时,管理的引入也增强了林区农户生态创业的战略协同,使得创业中的生态保护活动成为组织行为,有力保障了创业活动的生态友好和资源开发中的集体约束。

7.2 机理因素与要素供应的对应分析

通过影响因素和机理分析,本研究发现了诸多影响林区农户生态创业的因素。因此,培育路径的构建应该是对机理因素的归纳和提升。为此,本研究构建机理因素与要素供给的一一对应关系,见表7-1。

表7-1 机理因素与要素供应的对应关系

序号	机理因素	要素供给
1	资源获取预期	金融、技术、管理
2	非农就业比较认知(负向)	管理
3	受教育程度	管理
4	家庭年收入	金融、管理
5	家庭劳动力数量	管理
6	家庭是否有公务员	管理
7	家庭外地打工人员数(负向)	金融、管理
8	林区农户家庭所拥有的林地面积	技术、管理
9	林区农户的涉林手艺情况	技术
10	家族资本	金融、技术、管理
11	邻里资本	技术、管理
12	政府资本	金融、管理
13	知识溢出	技术、管理
14	吸收能力	管理
15	生态态度(认知)	管理
16	生态情感	管理
17	生态知识	技术、管理

7.3 林区农户创业培育路径的提出

7.3.1 林区农户的生态创业培育模式

1. "自然形成—政府扶持"模式

林区农户生态创业开始于企业家的创新精神和创业实践,通过当地林区农户的广泛参与形成生态创业企业。此时,政府看到了这种经济形式对于促进当地经济发展和生态环境可持续发展的积极作用,通过一定的方式进一步扶持该生态创业企业,促进了创业的繁荣(见图7-1)。例如,福建省安溪县的铁观音是一种典型的"自然形成—政府扶持"模式创业集群。安溪的铁观音开始于当地一些年轻人看到了当地茶树的潜在价值,开始小规模的创业。随着市场对安溪铁观音的认可,更多有创业意向和创业能力的人也开始建立自己的茶叶事业。这样,安溪铁观音集群创业得到了快速发展。此时,认识到本地资源优势对于经济发展的作用后,安溪县政府出面申请注册"安溪铁观音"品牌商标。每年组织大型的茶事活动,扶持骨干茶企发展,扶持茶农在全国各地开设茶艺馆、连锁店等。目前,安溪茶叶协会在全国主要销售城市组建分会。这一系列的扶持政策使得安溪铁观音的集群创业效应更加突出,也衍生了新的集群,茶叶产供销链条不断完善,且自成一体。

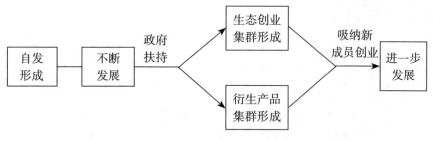

图7-1 "自然形成—政府扶持"模式

2."政府培育—自主提升"模式

相对于前一种模式而言,这种模式的典型特点是前期政府通过引入项目大力扶持林区农户生态创业,到了后期生态创业由于林区农户的努力得到大力发展,走上了经济发展和生态和谐的健康发展道路。这种模式在我国南方集体林区中比较常见,很多地区政府都结合当地林业资源的优势扶持创业项目,引导林区农户创业,形成生态创业的良好局面（见图 7-2）。这种模式在工业领域中不被看好，但在林业领域有较大的推广价值。一方面，这种模式立足于当地的林业资源优势，能有效地开发林区天然的价值，发挥其优势促进经济发展和生态和谐；另一方面，它为没有较高文化素质和经营技能的农民提供了改善自身生活的途径，而且在经济发展的同时又为生态创业提供了生产要素发展的途径，形成良性循环。我国南方集体林区很多林业资源丰富地区的各级政府都制定了关于林业产权的规划，而生态创业便是其规划中的重要内容。例如，福建莆田某镇为了加快城镇周边山区的建设，设立了小额贷款基金，鼓励城镇周边山区林区农户大量种植杨梅树，发展旅游观光经济。通过这种模式，该小镇周边山区的杨梅种植规模已达近万亩，吸引了众多游客观光品尝，也带动了诸如"农家乐"等形式的旅游经济。

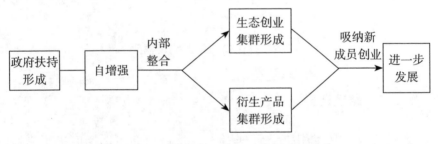

图 7-2 "政府培育—自主提升"模式

7.3.2 林区农户生态创业培育路径框架

构建一个完善的创业培育路径既有利于提高林区农户创业的积极性，提高林区农民的收入，也可以促进生态环境保护与生态文明建设。基于理论基础分析和培育模式的总结，林区农户创业培育路径大致可以分为以下几种方式：金融扶持，技术引进，管理引入，以及三者复合的形式。据此，本研究提出林区农户生态创业培育路径的构建框架如图 7-3 所示。

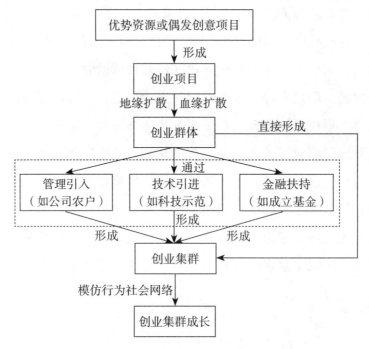

图 7-3　林区农户创业路径框架

7.3.3　路径选择

金融扶持、技术引进、管理引入三条路径如何选择取决于当地的资源条件和政府实力。一般而言，金融扶持是政府最常使用的鼓励措施。据课题组调查，多数地方政府均设置了各类金融扶持政策。同时，针对资源条件好的地区，政府进行技术引进是常见的做法。例如福建、浙江等地毛竹资源丰富，政府常常致力于竹笋加工等技术的引进。还有部分地区采用管理引入路径，通过引入某一大型公司，带动林区农户的创业，如东北齐齐哈尔等地通过引入木耳加工企业进驻，带动林区农户通过木耳养殖开展创业活动。

其实，三条路径没有优劣之分，而路径选择主要取决于当地的实际情况。同时，有些地区也通过选择三条路径中的两条或三条鼓励林区农户创业。

7.4 基于金融扶持的创业培育路径分析

虽然全国范围内集体林权制度改革已经推行数年并基本结束，但在很多方面的资金配套尚没有形成。同时，由于林业行业的特殊性，林区农户所持资金有限，而这又与创业所需大量资金相矛盾。因此，培育林区农户生态创业，政府及相关部门应从金融扶持着手。林区农户可以依托现有的生态条件通过政府财政拨款的形式进行生态创业。例如，政府可以成立针对林区农户创业扶持专项资金的试点，鼓励某一林区的农户进行生态创业。这样做，一方面既能在创业萌芽期和初期进行专项资金支持，提供林区农户的原始创业资金；另一方面又可提高林区农户创业风险的抵御能力。同时，这样也能在试点成功之后使先前投入的资金发挥出乘数效应。而且，政府可以对社会资金进入林区进行政策性引导，积极利用多渠道资金繁荣农户生态创业行为。

银行信贷是林区农户的重要资金来源渠道之一。自1994年金融改革之后，大型商业银行逐步将核心任务由农村转移到城市。由于银行信贷需要提供抵押物的规定，农户较难从大型商业银行中获得金融支持。2009年，央行放宽农村金融市场准入政策，大批小型金融机构进驻农村，在降低林区农户融资难度的同时，也使得林区农户可以就近选择金融机构，以节约交易成本。集体林权改革后，林木作为贷款抵押物成为可能，银行信贷在林区农户生态创业中逐步发挥作用。但是，就目前而言，受到银行放贷金额的限制，银行信贷在林区农户创业中的作用十分有限，需要进一步优化信贷环境。

因此，从金融扶持的视角出发，综合社会各项资源进行整合，开辟多元化的融资渠道对于林区农户的生态创业培育具有良好的引导作用，如图7-4所示。

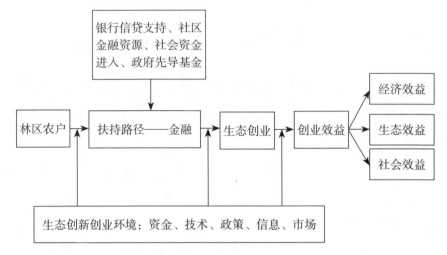

图7-4 金融扶持创业培育路径构建

7.4.1 完善信贷市场，提供充分的信贷支持

林业具有生产周期长等特点，投资资金回收时间跨度较长。随着国家现有金融政策的调整，银行贷款利率逐年攀升，对于企业和林区农户个人来说风险越来越大。目前，大型国有银行为了降低其自身经营风险，关于林业方面的专项贷款的要求都较高，银行惜贷现象比较多。为鼓励林区经济发展，中央实施财政贴息政策，以降低农户的贷款风险。但是，由于贴息率只有当地银行贷款年利率的一半，地方财政提供的配套贴息贷款多未兑现，财政贴息的扶持政策效果较差。这些都导致很多真正需要贷款的普通林区农户几乎贷不到所需款项，打压了林区农户创业的热情。

因此，为满足林区农户生态创业所需贷款，需要国家相关部门加快建设融合林业特点的金融产品，制定相关的倾斜政策。一方面，通过一定的措施支持各大商业银行提供与林业生产特点相符合的金融产品，扩大林业贷款与资金的来源与规模。另一方面，通过中央财政拨款和地方政府切实配套的形式，给予一定的贴息率，减轻创业者还款的压力，刺激其创业的欲望。同时，切实减少贴息贷款的限制，延长贷款和贴息的期限，使得其能够与林业生产周期性较长、风险性较大的特点相符合。以生态公益林为主的速生林营造工程贷款建议贴息年限为 10 年以上，从而能够使得一些林业生产企业、林区农户与有志于林业生产的社会参与者向各商业银行积极申请林业贷款。同时，除了通过财政拨款向生态公益造林者提供林业贷款贴息外，还需要将林业专业合作社、股份合作林场、家庭林场等林业新型生产经营主体的林业种植和林下经济项目纳入贴息范围，使得林区农户获得资金的渠道增多，满足林业生产发展的需要。

7.4.2 提高社区金融资源覆盖，缓解融资约束

社区金融资源对于农村地区的金融市场有较大的积极性作用，有助于使农户获知更多的信息动态，缓解林区农户资金来源渠道紧张，对于林区农户生态创业起着较大的扶持作用。

农村社区金融服务机构与商业银行不同，其可以通过人脉、地理位置优势等获得足够的信息，能够帮助减少信贷交易过程中的信息不对称的问题，降低社区家庭融资的门槛与束缚，从而在一定程度上协助林区农户创业。由林区农户组成的林业合作社等生产组织的共同利益与自发形成的管理规则规范能够加强对贷款林区农户的监督与限制，使得其整体贷款融资的风险降低，激励社区金融机构增加对社区金融资源的供给，进而改善社区家庭融资条件，缓解融资约束和提高创业水平。社区金融服务机构能够更为便捷和准确地获得贷款林区农户的信誉情况以及其贷款后的整体经营状况，降低了林区农户与金融机构之间的交易成本，而后必将刺激社区金融服务组织向创业者提供

贷款等相关服务。

改革开放40多年来，虽然中央人民银行等不断通过一系列政策放宽对金融市场的限制与管制，使创业者更为便捷的获得资金，提高创业成功的机率。但是由于林业具有生产周期性较长，风险性较大等特点，农村尤其是林区金融市场的限制依然较大。因此要减少该市场的限制与管控，提高林区金融市场的开放程度。与此同时，相关管理部门可以借鉴西方发达国家的金融市场管理经验，尤其是德国、美国与加拿大等林业较为发达的国家，制定一些具有针对性的政策，建立较为完备的体系，帮助林区与农村金融服务机构的建立，使得社会资金能够更好与便捷地投向林区和农村。

7.4.3 引导社会资金的进入，增强资本市场活力

随着中共中央与习近平总书记高度强调"生态文明"的建设，社会各界对生态的建设关注度不断提高。"绿水青山就是金山银山"的号召已经激起了许多投资者的关注，社会资金对进入生态市场，扶植林区农户创业的意愿不断提升。但由于我国对社会资金在林区的注资管理较为严格，这极大地限制了社会资金进入生态市场的自由。因此，放宽管理限制是当务之急。

社会资金的注入一方面可以帮助林区农户缓解资金紧缺的困境，另一方面可以帮助林区农户在未来创业过程中更好地了解市场。现阶段，我国社会资金较多，许多早期创业者已积攒了大量的闲置资本，并通过投资经营的方式赚取利润。随着生态文明的呼声逐渐提高，许多投资者都纷纷将投资目标转向林区农户创业。社会资金在一定程度上与国家资本储量存在差距，但社会资金的自由进入，可以缓解林区农户在创业初期的资金短缺的情况。借助社会资金，通过稀释股权或签订风险协议的方式，创业农户可以获得紧缺的流动资金，缓解资金

紧缺的问题。同时，林区农户在一定程度上缺乏管理能力，对瞬息万变的市场敏感度较低。相反，这些持有社会资金的投资者具有较强的管理能力，对市场的敏感程度较高，这可以大大弥补林区农户在早期创业时的不足，使得创业风险降低，为林区农户更好的创业，实现生态的可持续发展提供基础。

7.5 基于技术引进的创业培育路径分析

林区农户生态创业作为一项具有较强实践性的活动，其具有较高的风险性。如果林区农户缺乏实践经验和技术作为指导，创业失败的可能性就会增大。同时，林区农户属于风险厌恶群体，创业的失败则会影响其创业的积极性，从而影响到更多渴望创业而寻找适时机会的其他农户。由于受教育水平较低，一些林区农户没有掌握创业所必需的经营管理知识和专业技术。因此，对林区农户的培训、科技人员引入和信息技术的推广，对林区农户开展创新创业活动有较大的激励作用，如图7-5所示。

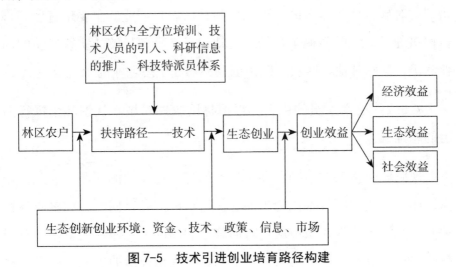

图7-5 技术引进创业培育路径构建

7.5.1 进行多方位培训，提高林区农户依靠自身创业的综合技能素质

林区农户创业的难题之一是技术水平低和经营水平不高。2009年以来，我国政府逐步开展科技下乡、科技直通车等服务，注重提升林区农户的综合素质，为林区农户提供科学有效的培训。但是，长期以来，我国基层的科技培训多是注重技术本身，而没有将技术与创业结合起来。实践中，培训应使技术的引入更加贴近林区农户的创业内容，激发林区农户创业的积极性。同时，技术人员更应从实践中总结经验，勇于创新，对于林区农户普遍希望了解的基础性问题，可以采用发放宣传册的方式，既可以减少技术培训中的人工投入，又可以帮助处于创业初期阶段的林区农户迅速走上正轨。

随着社会的发展，越来越多的农民走出农村，去往城镇发展，而返乡的农民工正是技术引进的受益主体。他们受到城镇思维的影响，有主动创业的意识，了解到只有掌握知识和技术才有可能成功创业，并且懂得向政府和相关的金融组织寻求资金支持。因此，在进行技术培训的时候，应将返乡的农民工作为林区农户创业的主要培育者，将他们培养成一支既掌握丰富的理论知识，又具备足够的实践经验的创业队伍，激励其他林区农户效仿创业，形成生态创业的示范效应。

7.5.2 技术人员的引入，缓解林区农户对技术认识和选择行为上的差异

现阶段，林区农户创业存在技术能力严重短缺的问题。因此，如何迅速引入实用的技术成为当期急需解决的问题。同时，许多农林相关专业大学毕业生在城市就业时面临很大的困境，而这些毕业生对于林区农户创业又是急缺的人才。他们拥有大量前沿的思想，懂得农林

业技术，了解最新的国家政策。因此，将这些专业技术人员引入可以迅速地解决当前技术短缺的问题。

有研究指出，政府、科研人员以及技术推广人员和农户对于新的科研技术认识和选择行为上存在着显著的差异。人员受教育程度的高低影响着对技术的选择，年龄和性别也占有很大影响因素。例如在对待高产技术这项问题上形成的科研行为与农户需求脱节，造成我国的科研成果不能有效的供给农户需求。技术人员的引进，一方面可以为林区农户带去新的科技血液，使其林区农户获得更多的前沿的信息，掌握最新的市场需求动态，使其创业成功的概率大大提高；另一方面可以收集到林区农户在创业过程中所需要的各种技术信息，迅速地反映到国家科研部门和相关机构，提高科研的针对性和应用性。

在未来管理过程中，政府要积极号召大学毕业生选择这些新兴的林区生态创业项目，通过一定的激励制度与奖励机制，提高他们对选择该类就业的热情。一方面，推进城镇化建设，缩小城乡差距，向他们提供相应的福利保障；另一方面，通过财政补贴等手段，鼓励一部分大学毕业生投入到林区农户生态创业事业中，激励他们的创业热情。

7.5.3 信息及科研技术的推广，构建完整的科技系统运行体制

改革开放以来，我国的科研成果不断创新，但由于很多成果不能得到及时的推广应用，流通渠道不畅，导致失去了推广价值，未能在生产中充分发挥其作用，造成了有限的科研经费的浪费，阻碍了林区农户及其他行业的发展进程。目前，政府通过引进科学技术与生产经验，帮助林区农户认识到其优势，引发后续的林区农户的模仿和跟进。这种模式在前期由于过于抽象化效果不能立竿见影的显现，得不到林区农户的理解和支持，从而容易流于形式，无法真正为林区农户的创业提供直接性的帮扶。可见，推广的模式就显得很重要。

目前，集体林权制度改革推行区域已经通过多种形式进行了体制创新。作为配套改革，通过对较为积极的林业生产大户开展一对一帮扶与技术培训，让林区农户体会到先进技术引进的优势，使得诸多林区农户纷纷加入学习，最终形成这些技术体系的规模效应，使林区农户得到最大化的经济利益。可见，构建完善的技术推广体制，能够切实解决林区农户创业过程中所显现出来的各种问题。

7.5.4 构建科技特派员体系，搭建政府与林区农户联系新平台

由于林业生产的特殊性和地区的差异性，科技信息传递到农户时已经有了很大的滞后性，无法为林区农户生态创业活动提供帮助。因此，创新信息技术传播体系对于林区农户生态创业有重要意义。科技特派员是政府和林区农户之间的桥梁，对于传递政府工作信息，提高农户信息及技术获知度有着一定的促进作用。

科技特派员可以根据每家每户不同的情况对其制定个性化的培训服务，为农户讲解政府有关的新政策和当前市场新的动态，满足农户对于创业知识和创业信息的获取，并利用最新的科研研究成果降低其创业风险。同时，科技特派员可以开展多种多样的创新活动课程，鼓励农户积极参与，提高农户对于生态创业的兴趣，为不同农户之间的沟通搭建桥梁，有利于物质资源和信息资源得到最大程度的传播。因为科技特派长期与林区农户接触，对林区农户的需求和生态创业状况最为了解，可以及时准确的向政府反映林区农户的需求。政府获得了对于林区农户生态创业的各方面信息，有利于进行新的扶持政策的制定。

7.6 基于管理引入的创业培育路径分析

林区农户及时掌握外在市场动态的难度较大，导致林区农户对市

场波动反应的敏感性较差,这增加了林区农户创业的风险。一般来讲,由于信息的缺乏,林区农户对未来的市场发展没有一个科学的分析和把控,不愿意冒风险去进行新的生产创业活动,而只局限于从事自己熟悉的传统的林业生产。因此,从管理引入的角度对林区农户生态创业进行培育就显得尤为重要。其实,在农村地区,从管理的角度,一系列的创业培育模式被提了出来,典型的有"公司+农户""基地+公司+农户"和农民专业合作社等。在这个过程中,政府和公司形成了基于管理引入创业培育路径的两个主体,如图 7-6 所示。

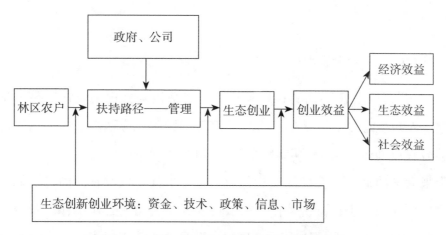

图 7-6 政府和公司基于管理引入创业培育路径

7.6.1 政府的角度

首先,政府应该积极地为林区农户创业过程中出现的困难提供帮助,出台鼓励林区农户创业的政策。各级地方政府作为最接近林区农户的政府机构,也需要帮助林区农户克服创业恐惧的问题,支持林区农户在创业过程中进行自主管理。其次,政府应充分发挥引导作用,以为林区农户服务为主,积极提供创业相关的信息,对本地林区农户创业项目进行宣传和拓展,充分利用示范效应,在增强创业项目知名度的同时，激励其他农户进行模仿，帮助林区农户从中获利。基于管理的培育路径立足于政府引入或培育民间投资或创业者，引导社会团体对林区农户创业进行支持，吸引其与创业项目进行合作，通过建立合同的方式对双方进行约束管理。最后，政府要利用自身管理机构的特点，对林区农户创业过程中的各个环节进行监督和指导。例如，将供销社引入林区农户创业中来，为林区农户创业产品的销售提供渠道，也可有效的解决林区农户对外部市场走势畏惧的心理，同时通过供销社对林区农户创业过程的监督管理，可为林区农户创业的发展提供保障。

7.6.2 公司的角度

"公司+农户"及其扩展模式（如"基地+公司+农户"等）是林区农户生态创业未来的一个发展趋势。因此，应积极引入公司扶持林区农户创业。第一，毋庸置疑，公司模式的引入可为林区农户创业带来大量的资金，使林区农户创业的基础条件得以改善；同时，林区农户加入公司中，身份从传统的农民变成了公司的合作伙伴，身份的变化也会使林区农户树立新的观念，思维更加适应现代化的生产经营理念。第二，公司可以利用自己丰富的资源及广阔的平台，聘请一些有经验技术、文化素质水平高的人为管理者，在带领林区农户创业的同时，也可以对林区农户基础的技术性问题进行解答指导。第三，公司充分发挥自身市场化的特征，以市场机制为基础，加强资源的整合，鼓励林区农户进行技术创新，使林区农户创业更加多元化，进而生产出更有特色、有竞争力的产品。

7.7 培育中存在的问题

7.7.1 实用创业技术仍然缺乏

作为一项具有较强实践性的活动，创业活动有较高的风险性，如果缺乏实践指导，创业就更容易遭遇失败，而在林区农户生态创业这一特殊的创业领域里，农民作为创业主体，属于风险厌恶群体，创业的失败会影响到广大农民创业的积极性。因此，创业技术的培训和拓展对于农户创业来说尤为重要。生态创业要求农民具有综合的技能素质，创业素质的提升则需要补充大量的知识与技能，由于农民文化素质偏低，面对瞬息万变的经济市场，一些农民没有掌握创业所必需的经营管理知识和专业技术。虽然目前已经有许多地方政府及各部门不定期地为本地区农民开展创业培训，但各类技能培训班缺少针对农村农户创业的专门培训，且培训内容较为简单。就培训效果来看，培训的内容和形式仍有需要完善和改进的地方。对于生态创业农户而言，许多由政府主导的培训实用性不强，直接应用和实际操作的技能不多。所以针对林区农户创业，实用性的林区生态创业技术亟须被引进并传授给创业农户。

7.7.2 创业资本瓶颈障碍突出

林区许多农户都将资金问题认定为其实施生态创业的主要障碍之一。个人积蓄、亲戚朋友筹资和商业贷款三个渠道是农户创业资金的主要来源。对于林区农户来说，自己的资金积累有限，而亲戚朋友资助有很大的不确定性，虽然政府为农户创业提供了一些小额贷款的支持项目，但是由于政策制约和手续繁杂等问题，许多林区农户在创业时未能及时获得商业贷款，导致创业资本问题成为林区农户生态创业的重要障碍。

7.7.3 完善市场机制尚未形成

在宏观市场环境下,我国农村的市场体制不够成熟,创业信息不够畅通。在市场机制方面,针对林区农户自主生态创业的明确财政制度支持和律法支持依然缺乏,目前区域内及区域间的农户生态创业项目大多来源于农户的自发行为,广阔的区域市场优势还没有完全显现出来。在生产市场上,农业资源配置没有完全市场化;在消费市场上,农村生态产品也未完全市场化。因此,要想顺利构建农户创业孵化体系,就必须完善市场机制,形成市场化的创业资源配置机制。

7.7.4 创新创业观念尚未摆正

就林区农户自身而言,受传统思想影响,我国农民自古以来就怀有靠天吃饭的思维,许多农户头脑中存在着自给自足的小农意识。因此,对创业创新思想的抵触和不接受是农户生态创业的主要障碍之一。就政府方面而言,一些地方政府不重视当地林区农户的小规模创业活动,在财力、物力以及创业场地等方面支持不足;同时也没有把农户创业看成是拉动经济发展的动力,促进农户生态创业的政策不完善,鼓励农民创业的优惠政策少,导致地方政府对农民创业的帮助不到位,服务不精细,更不要说区域内农户生态创业孵化体系的构建。因此,无论是农民还是政府,都需要摆正观念,激励和促进林区农户开展生态创新创业活动。

7.8 培育路径的关键环节

7.8.1 做好定位：发展第三产业"农业"

随着林区生态创业的发展，林区生态结构发生着变化。农业空间格局的调整，带动的是整个林区的瘦身健体、提质增效。应当按照"增效益、减水耗、环境友好"的思路，进一步推动林区生态农业产业供给侧结构调整。

鉴于此，应当做好定位：

（1）"消灭"第一产业农业，林区农业的发展不应放在首位，面对巨大的市场需求，应该发展林下种养殖等生态创业的发展，不应重点发展种植业，可以在一定程度上"消灭"第一产业的农业。

（2）大力发展第三产业"农业"，为农民带来经济收益的同时注重生态环境发展，走"环境友好"的发展道路。

7.8.2 政府搭台：促进社区支持农业

将社区与林区农户建立紧密的联系。一方面，通过"结对子""走亲戚"等形式加大城市社区与农村的联系，促进城市居民和农民的相互了解，让农民清楚城市居民的消费需求，让城市居民信赖农民创业"产品"。另一方面，政府应当利用纸媒体、电视媒体、网络媒体等多种形式，宣传林区特色农业，吸引更多的城市消费者，帮助农户拓展市场。本着"城市支持农村，促进城乡平等交换和有效配置"的思路，在城市消费者与林区农户生态创业者之间搭建"绿色桥梁"。

7.8.3 系统规划：构建政策支持体系

政策环境是林区农户创业过程中极为重要的外部驱动力量，深刻影响着农民的创业选择与创业方向。目前城郊农民创业总体说来最需要的就是金融、技术和管理支持。完善的整体体系包括：优化融资服务，为农民创业提供良好的资金环境；建立培育协调机制，提升创业效率；建立市场对接机制，协助创业者掌握市场需求；建立项目引导机制，引导农民进行创业；建立服务机制，全程为农民创业提供有效保障；完善土地流转机制，减少创业道路上的阻碍；完善公共服务体系，解决农民创业所面临的社保、医疗等后顾之忧。

7.8.4 打造品牌：推进"一村一品"

品牌就意味着商品的定位、质量、口碑以及法律的保护等，可以为企业带来固定的消费族群和丰厚的利润回报。在北京，说到各种水果，人们就会想到大兴西瓜、平谷大桃、怀柔板栗、昌平草莓，这就是知名品牌所带来的品牌效应，人们在选择某一样产品时，就会对这些品牌进行优先考虑。在培育林区农户创业时，应当树立本地品牌，并采取广告、营销、优质的服务等措施大力对本地品牌进行宣传造势。使得人们在脑海中形成诸如："西瓜大兴的最好""草莓昌平的最甜"此类印象，使之成为人们优先选择的品牌。

7.8.5 思想解放：培育新式生态创业模型

林区农户是实施创业的主体。对此，为鼓励农民创业，应采用多种形式对农民进行培训，以解放其思想。第一，组织编写林区农户创业培训手册，系统讲述农家乐、生态旅游、农业观光、农业休闲旅游、林下养殖等创业等方面的知识。第二，做好林区农业创业科技特派员工作，个性化制定培训服务，提高农民创业的兴趣和信心。第三，结合精准扶贫，将部分创业项目纳入扶贫项目管理，进行全方面的帮扶，并积极推广其示范效应。

7.9 本章总结

本章在对林区农户创业影响因素及林区农户生态创业机理分析的基础上，分析了林区农户生态创业路径培育的理论基础，构建了培育路径，并从金融、技术和管理三个方面着重对培育路径进行了诠释。最后，本章提出了构建培育路径中存在的问题，并给出了相应的解决方案。

第 8 章
林区农户生态创业政策需求与供应建议

在培育路径的基础上,本章结合影响因素和创业机理分析,进一步探索林区农户生态创业的政策需求,并就政策供给提出相应建议。

8.1 林区农户生态创业政策需求分析[①]

8.1.1 研究视角

我国集体林权制度改革激发了学者研究林业生态创业的热情,目前已有的研究发现,农民创业具有其深刻的社会背景和经济基础(李含琳,2008)。从外部条件来看,政府的政策支持、配套基础设施的建成、金融财政的支持以及各项教育培训活动的广泛开展等都为林区农户营造了较好的创业环境。从内部条件来看,林区农户创业态度的转变、

---

① 本节部分内容曾发表于《林业经济》2016年第2期,第45–49页。

经营管理技术的流传、林区农户自身素质的提高等都为林区农户创业奠定了坚实基础。同时，返乡农民工创业也逐渐成为一个研究者所关注的热点（张秀娥等，2010）。

尽管如此，我国现阶段林区农户生态创业的开展仍存在许多阻碍。就林区农户创业的外部问题而言，政府税收制度僵硬，政府公共服务能力较差（赵曼等，2008），农村地区金融机构体系的机制不健全，融资渠道比较固定和单一，贷款手续繁杂（胡豹，2012）等政府政策问题仍阻碍了林区经济的发展。就林区农户创业的内部问题而言，林区农户生态创业意向的形成也会受到林区农户禀赋、林区农户自身素质，财政与金融环境，制度变革等方面的影响（薛永基等，2014）。

总结以上分析结果可知，林区农户生态创业的政策需求主要有金融政策、财政政策、准入政策、税收减免政策、技术培训政策、产品销售扶助政策和基础设施建设政策七项政策。其中，对林区农户生态创业有着较大影响的主要是财政、技术、创业环境等方面的政策，下文将根据调研数据对此进行具体论证。

8.1.2 变量选择与说明

通过文献梳理和理论分析可知，林区农户进行生态创业的政策需求主要表现在财政、技术、创业环境等方面，据此设置以下15项与林区农户生态创业的政策需求相关的问题（见表8-1）。在下列题项中，1~7分别代表：非常不满意、很不满意、不满意、比较满意、满意、很满意到非常满意，以此来测度林区农户对相关政策的需求程度。

表8-1 原始指标

	原始指标
X_1	政府组建林区农户生态创业协会或生态创业合作组织
X_2	政府扶持生态创业中介组织（如典当行等）
X_3	政府简化林区农户生态创业企业的行政性审批

续表

原始指标	
X_4	针对林区农户生态创业开发特殊的保险产品
X_5	对符合政策的生态创业项目进行鼓励
X_6	扶持林区农户生态创业龙头企业
X_7	对符合政策的林业生态创业贷款进行财政贴息
X_8	降低银行贷款门槛
X_9	创新金融产品,推广林权证贷款等
X_{10}	设立以"速度快、数额小、程序简"的林区农户生态创业小额贷款绿色通道
X_{11}	引入外部企业或个人的投资
X_{12}	政府在电视等媒体上进行生态创业宣传
X_{13}	发放林区农户生态创业培训材料
X_{14}	开展针对生态创业的现场指导
X_{15}	设有专门的生态创业指导人员

8.1.3 研究方法与实证分析

由表 8-2 可知,经过 KMO 检验和 Bartlett 球形检验,量表整体的 KMO 值为 0.864,Bartlett 球形检验的近似卡方值为 1 291.216,均达到显著水平,调研数据适用于因子分析。通过因子分析(SPSS16.0 软件)可得,各指标之间存在较强的相关性。采用主成分分析法得到的矩阵特征值和方差贡献率见表 8-3。

表 8-2 KMO 和 Bartlett 的检验

取样足够度的 Kaiser-Meyer-Olkin 度量		0.864
Bartlett 的球形度检验	近似卡方	1 291.216
	Df	105
	Sig.	0.000

表 8-3 矩阵特征值与累计贡献率

因子	初始特征值			旋转平方和载入		
	特征值	方差贡献率 %	累积贡献率 %	特征值	方差贡献率 %	累计贡献率 %
1	6.09	40.191	40.191	2.797	18.648	18.648
2	1.53	10.484	50.675	2.621	17.471	36.119
3	1.41	9.340	60.015	2.490	16.598	52.716
4	0.94	6.163	66.177	2.019	13.461	66.177

通过因子分析和提取（见表 8-3），最终提取前 4 个因子为综合因子，4 个因子共包含了原数据 66.177% 的信息（见表 8-3）。

在旋转后的因子载荷矩阵中找出每个综合因子上对其影响较大的指标，如表 8-4 所示。X_7~X_{10} 提取为首个公共因子 F_1，F_1 囊括了财政贴息、银行贷款门槛、金融产品和创业小额贷款等指标，上述指标侧重于为林区农户提供相关金融贷款，对有生态创业意向的林区农户进行财政支持和扶助，因此可将公共因子 F_1 命名为财政支持政策因子；X_3~X_6 提取为第二个公共因子 F_2，F_2 囊括了企业行政审批、创业保险、创业政策激励和龙头企业扶持等指标，这些指标主要是针对林区农户具体的生态创业项目进行的政策扶持，为相关林区农户的生态创业项目减少不必要的行政阻力，在行政政策上为林区农户开展生态创业保驾护航，因此将综合因子 F_2 命名为项目支持政策因子；X_{12}~X_{15} 提取为第三个公共因子 F_3，F_3 主要包含了政府对林区农户生态创业所进行的媒介宣传、创业培训、创业指导和创业辅助等指标，这些指标主要是政府提供的相关传媒、培训和指导服务，借助各种渠道和方式为林区农户生态创业进行辅助，因此将公共因子 F_3 命名为技术支持政策因子；X_1、X_2 和 X_{11} 三项指标可提取为第四个公共因子 F_4，F_4 主要包含了林区农户生态创业的合作组织、中介机构和外部投资等指标，这些指标主要涉及建立与林区农户创业相关的辅助组织和机构，优化林区农户开展生态创业的投资环境，因此将公共因子 F_4 命名为环境营造政策因子（见表 8-5）。综上，提取公共因子后得出 4 个综合因子，分别为财政支持政策因子、项目支持政策因子、技术支持政策因子和环境营造政策因子。

表 8-4 方差极大正交旋转因子载荷矩阵

指标	成分			
	1	2	3	4
X_9	0.863	0.150	0.147	0.118
X_{10}	0.840	0.133	0.231	0.043
X_7	0.663	0.478	0.182	0.143
X_8	0.655	0.475	0.120	0.169
X_4	0.129	0.806	−0.015	0.178
X_5	0.271	0.688	0.196	0.286
X_3	0.233	0.636	0.260	0.165
X_6	0.264	0.462	0.209	0.318
X_{15}	0.217	0.229	0.835	−0.013
X_{14}	0.126	0.356	0.823	−0.025
X_{13}	0.291	−0.007	0.684	0.293
X_{12}	0.039	−0.092	0.563	0.500
X_2	0.047	0.270	0.030	0.779
X_1	0.061	0.325	0.017	0.689
X_{11}	0.331	0.138	0.239	0.542

表 8-5 公共因子命名

公共因子	显著影响因素变量	公共因子命名
F_1	X_7, X_8, X_9, X_{10}	财政支持政策因子
F_2	X_3, X_4, X_5, X_6	项目支持政策因子
F_3	X_{12}, X_{13}, X_{14}, X_{15}	技术支持政策因子
F_4	X_1, X_2, X_{11}	环境营造政策因子

8.1.4 结果与讨论

通过因子分析和实证研究可以发现，这4个政策因子对林区农户进行生态创业活动均有较为显著的影响。再根据问卷中获得的林区农户需求度的信息对这4个综合因子进行评价，评价结果如图8-1所示。财政支持政策得分3.68分，项目支持政策得分3.95分，技术支持性政策得分4.30分，环境营造政策得分3.95分。根据评价结果可知，在四个主要相关政策中，林区农户对财政支持政策的需求度最低，对技术支持政策的需求度最高。

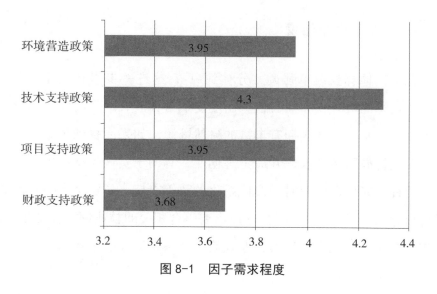

图 8-1　因子需求程度

8.1.5　结论与分析

由于各项条件的制约,林区农户作为个体来开展生态创业时往往存在着力量有限,资金不足,对风险的预计不够,经营风险承担能力不足等缺陷,而政府在政策上的扶持恰好能在一定程度上弥补这些缺陷。通过颁布具有针对性的创业扶助政策,可以有效激励林区农户生态创业,林区经济和林区农户的生活水平也将进一步得到发展和改善。

本研究通过问卷调查,在实证研究的基础上,将林区农户的政策需求进行了全面的分析,并利用因子分析法提取出了四个主要的综合指标,即财政支持政策、项目支持政策、技术支持性政策和环境营造政策。这 4 个政策因子综合反映了在生态创业中林区农户最主要和最迫切的政策需求。在此基础上,本研究进一步对林区农户对政策的需求程度进行了优先级排序,其排序结果如下:技术支持政策需求＞项目支持性政策需求＞环境营造性政策需求＞财政支持性政策需求。可知林区农户对技术支持政策的需求最为迫切,其次是项目支持性政策和环境营造性政策,而林区农户需求度最低的为财政支持性政策。

8.2 政策供给建议

我国集体林权改革强调"分林到户",这进一步明确了林区农户对林业资源的所有权和经营权。制度变革为林区农户开展生态创业奠定了良好的基础。林区拥有丰富的自然资源,如果能找到生态与经济的契合点,鼓励林区农户开展生态创业,有助于实现生态富民。在政策上,林区农户在创业时需要体系化的政策支持,如资金支持,创业项目指导、技术援助等。因此,政府需要整合相关的林业创业辅助政策,形成规范化的林区农户生态创业政策支持系统,才能真正满足林区农户的创业实际需要。

对此,本研究认为,如能将林区农户创业政策落实到以下五个关注点上,将有助于进一步提升林区农户的创业能力,激发林区农户的创业热情,从而实现林区的生态创业致富。

8.2.1 关注林区教育水平,提升林区农户创业能力

鉴于影响因素和机理分析中发现,林区农户的教育水平、生态知识、吸收能力等显著影响林区农户生态创业,本研究建议关注林区教育水平。在我国,参与林区农户教育培训的部门主要有林业、科教、财政等各级组织。本研究分析了林区农户的个体特征对创业意向的影响,实证分析证实,受教育程度与林区农户生态创业意向呈正相关。林区农户的文化水平越高,思想越开化,更容易接受新事物,所能掌握的技术和知识越多,越倾向于生态创业。同时,在研究政策因素对林区农户生态创业的影响时,通过因子分析和实证研究可以发现,林区农户对技术支持的需求最为迫切。因此,就政府政策方面而言,首要的当属对林区农户教育水平的提升,尤其是针对林区农户的技术培训教育和创业创新技术教育。

1. 提升林区农户通识教育水平

据实证分析结果可知,受教育程度与林区农户生态创业意向呈正相关。我国城乡劳动力受教育水平、层次和结构均存在较大差距,农村劳动人口的人均受教育年限为7.33年,远低于城市的10.2年,且城市人力资本积累目前已基本达到中等和高等教育的阶段,而农村人力资本积累尚处于小学和普及初中教育的阶段,区域间教育水平差异较大。因此,要推动和提高林区农户的创业水平,首先需要提高林区农户的通识教育水平,增强林区农户教育的师资力量和改进教学设备,从九年义务教育开始,解决林区受教育程度低以致收入水平低的问题,解放林区农户及其子女后代的思想,增强其接受外界新思想的意识,逐步提升和改善林区整体教育水平。

2. 提升林区农户技术教育水平

据实证分析结果可知,林区农户的涉林手艺情况与其生态创业呈正相关关系。拥有相关林业手艺的林区农户可以将自己所熟练的手艺转化到林区生态创业项目上,选择林业生态创业成功的可能性更大。可见,技术依托是林区农户选择创业与否以及影响创业绩效的重要因素。因此,在政策方面,除了提升林区农户的一般性教育水平之外,还应该着眼于如何通过教育来提升林区农户的技术水平。

根据实地调查,林区农户采用的林业技术主要来自广播电视、报纸书刊以及家族、邻里相传,来自政府组织传授的林业技术仅占一小部分。而针对林区农户的技校等教育培训机构所开展的教育形式也以课堂理论传授为主,实例示范较少,林间指导、现场学习等实践培训环节也都较为缺乏,对林区农户的技术教育往往流于形式,很难达到预期的效果。因此,要想激发林区农户的创业热情,政府需一方面以强有力的财政政策支持林区农户教育培训,推动林业技术教育,并且鼓励掌握涉林手艺的林区农户积极投身于林区农户创业；另一方面应该建立科学系统的教育体系，推动林区农户技术教育培训，为林区农户搭建创业之路，突出实践体验教育，充分激发林区农户的创业热情。

同时，实地调研和实证分析结果显示，对创业技术上的政策支持才是林区农户的首要需求。林区农户创业资讯欠缺，创业能力不够。农民工创业所需的有效技术支持仍然不足，这些都影响着林区农户的创业水平和绩效。因此，林区农户在产生创业意向后对创业技能的需求较为突出。对于林区农户来说，一旦选择开展创业活动，经营管理知识、财务会计知识、投融资知识、创业风险评估与规避等知识技能都可以帮助创业的林区农户获得更好的绩效。所以，针对林区农户在技术学习方面的迫切需求，政府应对症下药，对林区农户的创业项目提供完备的技术指导和服务，提高林区农户的创业技能，增强林区农户的创业信心，从而提高林区农户创业的成功率。

3. 提升林区农户创新、创业教育水平

我国许多创业创新意识和能力教育往往指向了在校大学生，而针对农户所进行的相关教育则显得很单薄。目前林区农户在创新创业方面存在的问题，突出地表现在林区农户的创业意识不浓、创业能力不强、创新动力不足等方面，造成这些问题的主要原因是忽视了对林区农户进行创新创业教育，无法满足林区农户开展创新创业活动的需要。

对此，当他政府应该加大林区农户创新创业教育的投入力度，开展林区农户再次学习活动，采取国家主导、政府组织、广大林区农户参与的形式，多渠道、多领域、多方面地进行林区农户创业创新教育。如建立和健全林区农户教育培训制度以及资格评定和认证工作；探索建立国家引导、社会扶植、个人资助的资金支持林区农户创业制度；制定鼓励政策，支持国家机关、事业单位、科研院所、培训机构、社会团体、公民个人与林区农户进行创业合作；建立健全奖励和激励机制、林区创业共赢机制、科研机构与林区农户共创机制、林区资源互联互通机制等各种机制，逐步探索适合林区发展的林区农户创新创业教育的模式；充分利用电视广播、移动互联网等多种媒介传播渠道和手段，将农林品种、创业技术、创业信息以及创业激励政策传达到林区和林区农户的家里。

8.2.2 关注林区社会资本，促进林区农户集群创业

通过实证分析方法检验家族资本、邻里资本和政府资本对林区农户生态创业绩效的影响可知，林区农户所拥有的家族、邻里和政府三种主要社会资本均可以通过知识溢出的中介作用来提升林区农户生态创业绩效，且家族资本和邻里资本对林区农户创业具有直接促进效应。因此，政府应该鼓励林区农户积极利用家族资本、邻里资本，促进林区农户开展集群创业。

在林区，邻里关系是林区农户可以依赖的重要资本要素之一，世代为邻的关系构成了林区农户的"熟人社会"关系网络。在创业时，邻里资本可以影响林区农户的创业信息交互、项目协作、技术交流等方方面面。单一林区农户的力量较为薄弱，难以完成产业价值链上的多项工作，所以在种苗提供、产品生产、产品销售等环节需要与其他人或组织进行合作。而且在林区，价格信息不对称、赊销等现象普遍存在于销售环节，相比外来商人和经营合作者，林区农户更容易信赖与其地缘相接的邻里商人。而且，由于林区农户和邻里之间世代交往，具有较为牢固的信任基础，其商业合作更为顺利。因此，鼓励林区农户利用邻里资本，既有利于林区农户之间相互促进，提高创业效率，也有利于形成林区的集群创业效应。

8.2.3 关注林区财政支持，提升政府财政的参与度和利用率

通过政策需求的实证分析可知，林区农户生态创业的金融财政支持需求较为迫切。林区农户开展生态创业时，往往受制于现实条件，其个体的力量有限，创业资金不充裕，且往往对创业风险不能做出准确评估，对于创业失败所面临的经营风险也不具备较好的承担能力。因此，政府扶持是林区农户创业成功的重要条件。

林业的生产和项目经营往往具有生产周期长、经营不稳定等特点，而林区农户自身又具有经济实力较弱、经济资本持续性较差的问题。因此，林区农户的创业活动就面临着更大的风险，由此导致创业成功率不高。通过实地调研可以发现，目前各地方政府都在鼓励林区农户积极开展创新创业活动，且给予了各种政策、财政支持，但在实际的操作过程中仍出现了许多问题。例如林区农户创业帮扶贷款，林区农户现在申请贷款时普遍抱怨办理门槛高，申请手续复杂，审批周期长等问题。因此，政府对林区农户开展创新创业支持的财政政策难以落到实处。

针对这些在实际中出现的问题，地方政府应做到以下几点：

（1）政府应着手推动林区农户创新创业资本获取的改善，即提高融资的便利性。扩展融资市场，拓宽融资渠道，加大对有创业意向的林区农户的信贷力度，在保障融资安全的前提下，严格审核林区农户的信用，对有创业意向且有较好的项目或较优的经营能力的林区农户优先提供低息贷款，鼓励林区农户在当地创业。

（2）政府建立健全财政资助体系，化繁为简，减轻林区农户在申请创业贷款时可能遇到的阻力，同时注意将贷款服务做到更人性化。

（3）创新金融产品，鼓励林区农户和林区创业企业、组织之间建立关联互助帮扶金融产品。

（4）政府还应关注林区创业的税收政策改革，从税收的角度减轻林区农户的创业负担。

（5）在创业保障方面，政府应注意为创业林区农户提供风险保障金，减少林区农户在创业过程中由于自然灾害等不可抗力而造成的损失。

同时，为了进一步提升政府资本在林区农户创业过程中的利用率，基层政府和相关部门在政策上应该做到以下几点：

① 政府办事人员严格按规定选取创业扶持对象，禁止私自降低扶持门槛。

② 坚持做好对林区农户创业过程中生态行为的监管。

③ 发挥政府资本对创业林区农户生态保护行为的引导作用。

8.2.4 关注林区知识溢出，形成林区创业传播示范效应

由实证分析结果可知，社会资本对林区农户生态创业绩效的影响存在中介变量，即知识溢出。知识溢出可以解释林区农户的社会资本如何具体对生态创业绩效产生直接或间接的影响。此外，研究还证实了显性知识溢出可以直接影响林区农户生态创业绩效。

因此，就知识溢出对林区农户生态创业绩效的影响而言，林区农户可以通过电视、互联网、政策传达等渠道获取显性生态创业知识溢出，提升生态创业绩效。由于政府政策和行为具有"知识溢出"效应，因此，政府可以通过"科技（创业）示范""创业先进典型"等的树立来传递政府支持林区农户开展生态创业的信息，这样更具有现实示范意义。就隐性知识溢出不能对林区农户生态创业绩效产生直接影响这一结论而言，以下几个方面有助于提升隐性知识溢出对生态创业绩效的影响：通过创业培训、专业技术讲座等形式提升创业农户的知识水平，进而提升其表达和沟通能力；引入产学研帮扶计划，加大高校、

企业及相关单位对农户创业的支持，通过高校、企业及相关单位将农户的隐性知识溢出转化为显性知识溢出；鼓励农户进行创业协作，通过看得见的绩效提升增强农户之间的信任，为后续隐性知识溢出奠定良好的基础。

8.2.5 关注林区劳动力，鼓励林区农户回流创业

实证分析结果显示，一方面，外地打工人数与林区农户生态创业意向呈负相关。外出务工人员一般缺乏精炼的手艺或技术，且外出打工的收益是可估计的而且不需要投入大量精力。且家庭外出务工人员越多，林区农户家庭可投入生态创业活动的劳动力越少。因此，在有外出打工的情况下，林区农户更可能安于现状，做出保守选择，生态创业意愿较低。另一方面，在研究外部环境认知对林区农户创业意向的影响时发现，非农就业比较认知也是形成林区农户创业意向的关键因素。

农民工外出务工是近年来我国的劳动力流动的重要特征之一，大量的农民外出务工造成了留守儿童、留守老人等现象加剧。而在研究中发现，林区农户的外出务工情况与其创业意向有显著关联，外出务工的人数少，则意味着林区农户家庭有更多的劳动力来开展林区活动，而且，一旦开展创业行动，非外出务工的林区农户也有更多的精力投入到创业活动中。同时，考虑到林区农户在评估创业意向时，通常会将创业活动的收入与外出务工及其他工作方式的收入作对比，因此拉动外出务工林区农户的回流对林区农户来说是开展创业行动的重要条件之一。

对此，政府应该加强林区的经济建设，鼓励当地林业及相关产业的发展，尤其应进一步扶持林区自有品牌和企业的发展，打造特色品牌，促进林区农民工的回流。同时，从技术、资金等方面对林区农户

提供优惠与助力,激发林区农户的创业热情,鼓励外出务工人员在当地林区开展就业和创业活动。

8.3 本章小结

本章基于调研数据,实证分析了林区农户生态创业的政策需求,指出技术支持、项目支持、环境营造和财政支持是主要的政策需求,其排序为技术支持政策需求＞项目支持性政策需求＞环境营造性政策需求＞财政支持性政策需求。在此基础上,结合影响因素和创业机理分析,本章提出了促进林区农户生态创业的建议。

第9章 结论与研究展望

本章对整个研究进行全面总结,概括出本研究的主要研究结论,并在指出本研究不足的基础上对未来的相关研究提出建议。

9.1 主要结论

本研究在构建林区农户生态创业理论框架的基础上,采用实证研究方法分析了农户生态创业的影响因素,提出并检验了农户生态创业的机理,并构建了相应的培育路径。主要结论有以下几点。

第一,**林区农户生态创业是生态环境保护、创业经济发展、农民收入提升的现实考量**。林区农户生态创业是在我国特有的文化特征下进行的,有其独特的经济和管理意义。农户生态创业围绕由"血缘"和"地缘"两个元素构成的社会资本展开,以生态情怀和环境约束为重要前提,是农户发展林区创业经济并提升收入水平的有效手段。

第二，林区农户生态创业受多个因素影响。 通过构建"意愿——行为"分析框架，实证分析林区农户生态创业的影响因素，发现如下规律：

（1）从环境认知角度进行实证分析后可以发现，林区农户的资源获取预期和与非农就业比较认知对林区农户的创业意向有显著影响。

（2）从林区农户的个体特征角度进行实证分析后可以发现，林区农户的受教育程度、家庭年收入、家庭所拥有的林地面积、涉林手艺情况以及家庭劳动力人数等会影响林区农户生态创业行为。

第三，"社会资本——知识溢出——创业绩效"分析框架较好解析了林区农户生态创业绩效影响的机理。 基于"创业知识溢出理论"，本研究构建了"社会资本——知识溢出——创业绩效"分析框架，分析了由社会资本通过知识溢出对林区农户生态创业绩效影响的机理。从创业绩效方面来看，林区农户的家族资本和邻里资本可以对生态创业绩效产生直接影响和间接影响，且社会资本对林区农户生态创业绩效的影响存在知识溢出这一中介变量。同时，林区农户的知识吸收能力可直接或以中介变量的形式影响林区农户生态创业绩效；而知识溢出效应则可细分为显性知识溢出和隐性知识溢出。前者能直接对林区农户生态创业绩效产生影响，后者则不能对生态创业绩效发挥直接作用。

第四，林区农户生态创业是建立在生态保护（至少不损害生态）基础上的创业行为，受农户自身生态态度和外部社会资本的影响。 研究同时证实：

（1）生态知识对林区农户的生态保护行为产生影响，但生态知识需要通过林区农户的生态情感和责任意识才能发挥效用。

（2）家族资本可以激励林区农户对生态环境的保护行为，而政府资本的支持则会令林区农户忽略其生态创业行为对生态环境造成的影响，产生负面的生态行为。

第五，金融扶持、技术引进和管理引入是林区农户生态创业的有效培育路径。通过金融扶持、技术引进及管理引入三个方面，可为林区农户创业提供资金、技术及政策保证，消除林区农户创业的多方面顾虑，激励其参与创业的热情，为提高林区农民的收入，改善林区农户的生活及实现精准扶贫提供科学道路，同时为改善我国生态环境，调整产业结构、可持续发展与实现生态文明建设提供保障。

第六，技术支持、项目支持、环境营造和财政支持是林区农户生态创业的主要政策需求。本研究基于调研数据，实证分析了林区农户生态创业的政策需求，指出技术支持、项目支持、环境营造和财政支持是主要的政策需求，其排序为技术支持政策需求 > 项目支持性政策需求 > 环境营造性政策需求 > 财政支持性政策需求。基于政策需求，本研究从"关注林区教育水平，提升林区农户创业能力""关注林区社会资本，促进林区农户集群创业""关注林区财政支持，提升政府财政的参与度和利用率""关注林区知识溢出，形成林区创业传播示范效应"和"关注林区劳动力，鼓励林区农户回流创业"等方面给出了政策和建议。

9.2 研究展望

近年来，尤其是在集体林权改革顺利完成和国有林区（场）改革的全面展开后，学术界才开始关注林区农户的创业问题。因此，林区农户生态创业问题还属于一个较新的研究领域，对该方面的研究还处于起步阶段。尽管本文进行了较为详尽的论述，深入剖析了林区农户生态创业的机理，并对理论分析进行了基于中国数据的检验，但由于课题组成员水平的有限，可借鉴的文献较少，以及研究时间的限制，本研究还存在一些不足之处。同时，由于受课题框架和结构的限制，本研究尚有未涉猎之处，需要在进一步的研究中加以完善。

第一，受制于样本获取，对林区农户生态创业的研究抽象掉了文化环境，需要在后续研究中进一步强化。林区农户生态创业是在一个国家或地区大文化背景下进行的，所以一个国家或地区农户生态创业必然受到当地文化、习俗等环境的影响。因此，本文的机理研究、实证分析中应引入文化、习俗等因素。但是，限于样本获取，以及课题的设计，本研究对这一领域没有涉猎，应在后续研究中进一步研究。

第二，由于多方面的原因，本文只获取了有限的数据。受研究周期的限制，本文无法呈现林区农户生态创业的纵向演化，即未能详细考察林区农户生态创业的成长过程。这需要在后续研究中建立林区农户生态创业数据库，并跟踪部分生态创业农户（不少于 500 户）以考察农户生态创业的成长过程。

第三，由于缺少公认的划分标准、难于精确计量和局限于整体设计，本文未考虑林区农户生态创业的生命周期，并将不同创业阶段的创业差异忽略不计。其实，对照企业创业规律，创业活动可分为种子期、导入期、成长期、成熟期四个阶段，它们各自的特点是：

（1）在种子期，产品的发明者与创业企业家为进行产品开发、市场调研并形成较为完备的企业发展方案筹措资金，以验证创意的可行性和技术经济的合理性。

（2）在导入期，创业者需要资金创立企业、采购设备、建设厂房、招聘人员、建立营销网络及进一步的研究开发等，但因无经营记录可循，没有有形资产作为担保抵押，企业从银行获得商业信贷极其困难。

（3）在成长期，企业筹集资金以实施规模产量、扩大市场份额、提高产品质量和加强研究开发。

（4）在成熟期，产品进入大工业生产阶段，企业拥有多个融资渠道。基于生命周期的研究更易于揭示创业企业的成长特点。其实，生态创业农户也有类似的生命周期，围绕创业生命周期的理论和实证研究将会很好地拓展本文的研究。

9.3 本章小结

本章总结了本研究的主要结论，并在指出本研究不足的基础上对未来的相关研究提出了建议。

附录　调研问卷

林业创业调查问卷（一）

您好！

感谢您的参与！您在本问卷中的回答仅作学术研究之用，不会对您个人造成任何不良影响。您的问卷将为国家相关政策的制定提供决策依据，也为林业创业的繁荣贡献力量。非常感谢您的支持。

——课题组

A. 请依据自己的真实情况，在相应的序号上打"√"，在括号内填入相关内容。

A1 性别	1. 女　2. 男
A2 年龄	（　）岁
A3 教育程度	1. 小学及以下；2. 初中；3. 高中高职；4. 专科；5. 本科；6. 硕士及以上
A4 您家最高学历	1. 小学及以下；2. 初中；3. 高中高职；4. 专科；5. 本科；6. 硕士及以上
A5 家庭身份	1. 未婚；2. 已婚，未做父母；3. 父母，未做（外）祖父母；4.（外）祖父母或更高的辈分
A6 人口数（直系3代，向上一代，向下一代）	您家中有（　）人，其中劳动力（　）人，乡级及以上级别公务员（　）人，村干部（　）人，现役军人（　）人，曾服军役（　）人，教师等事业人员（　）人，外地打工（　）人，党员（　）人

B. 请依据自己的真实情况，在相应的序号上打"√"，在括号内填入相关内容。

B1 所在位置	您所在地距离县城（　）千米，距离乡镇（　）千米
B2 林业资源	您所经营的林地有（　）亩，其中公益林（　）亩，集体林地（　）亩，自有林地（　）亩，流转出（　）亩，流转入（　）亩（1亩≈666.7平方米）
B3 家庭收入（2010年）	总收入为（　）元；其中，林业收入为（　）元
B4 参与林业生产年限	（1）1年以下；（2）2~5年；（3）5~10年；（4）10~20年；（5）20年以上
B5 涉林手艺情况	1. 家人有手艺；2 家人无手艺
B6 涉林手艺获取	1. 自学；2. 家传；3. 职业培训；4. 学徒；5 其他：_____

C. 请依据自己的真实情况，在相应的序号上打"√"。

C1 创业状况	1. 已创业；2. 未创业；（跳过C2~C5，直接答C6）；（A.有创业意向；B.无创业意向）
C2 创业行业（可多选）	1. 速生丰产林；2. 木本粮油；3. 种苗花卉；4. 经济林果；5. 林下资源；6. 木材加工；7. 生物质能源；8. 林业运输等服务业；9. 其他：_____
C3 创业年限	（1）1年以下；（2）2~3年；（3）3~4年；（4）4~5年；（5）5~7年
C4 每年创业收入	（1）目前无收入；（2）5 000元以下；（3）0.5~1万元；（4）1万~2万元；（5）2万~5万元；（6）5万~10万元；（7）10万元以上
C5 您选择创业的原因（可多选）	1. 收入太少；2. 空闲时间太多；3. 林地少；4. 林业生产效益差；5. 周围人都创业；6. 有专门手艺；7. 政策好；8. 有闲置资金；9. 家中劳动力较多；10. 林地太多；11. 其他：_____
C6 您未选择创业的原因（可多选）	1. 外出打工更为合适；2. 目前的林农业生产已经能够满足生活的需要；3. 家中有老人需要照顾；4. 政府没有倡导；5. 政府政策限制；6. 周围没有人创业；7. 没有技术；8. 没有资金；9. 没有劳动力；10. 林地太少；11. 其他：_____

D. 请对以下内容按自己的真实感觉加以判断，在7个选项所对应的空格内打"√"。

序号	项目	非常不同意 1——2——3——4——5——6——7 非常同意						
D1	我喜欢每天都有不一样的生活，应有所改变							
D2	如果有新的创业项目，我愿意尝试一下							
D3	假如有一些具有挑战性的项目，我愿意尝试							
D4	我做如何事情都力争比别人做得好							
D5	有人给我提供相关的创业指导							
D6	创业的资金不是问题							
D7	生产的产品有很好的销路							
D8	亲戚、朋友能提供很多帮助							
D9	外地、本地的打工机会不多，我不得不创业							
D10	相对于打工，创业使家庭生活更幸福							
D11	有了创业经历，以后打工会更容易							

E. 请对以下内容按自己的真实感觉加以判断，并在7个选项所对应的空格内打"√"。

序号	项目	非常不同意 1——2——3——4——5——6——7 非常同意						
E1	即使创业让我亏损点钱，我也不后悔							
E2	不管现在怎么样，我认为不能老不改变							
E3	我认为做事不尝试新事物、新方法会失败							
E4	创新（使用新东西）可以使我们的产品更有竞争力（比别家做得更好）							
E5	只要使用新东西、新方法，事就能做得好							
E6	我会经常考虑自己是否可以在新的领域或新的行当中做点事情							
E7	在创业方面，我需要经常听取别人的建议							
E8	我认为自己需要不断地考察顾客喜欢什么							
E9	我需要清楚今后顾客的喜好和需要							
E10	一起做事的人有新想法、新点子，我支持他们							

F. 请结合政府现有的创业服务加以判断，并在 7 个选项所对应的空格内打"√"。

序号	项目	非常不同意 1—2—3—4—5—6—7 非常同意						
F1	政府组建林农创业协会或创业合作组织							
F2	政府扶持创业中介（如商业流通组织等）							
F3	政府简化林区农户创业企业的行政性审批							
F4	政府开发特殊的保险产品（森林财险等）							
F5	对符合政策的创业项目进行鼓励							
F6	扶持林区农户创业龙头企业							
F7	对符合政策的林业创业贷款进行财政贴息							
F8	降低银行贷款门槛							
F9	创新金融产品，推广林权证贷款等							
F10	设立以"速度快、数额小、程序简"的林区农户创业小额贷款绿色通道							
F11	引入外部企业或个人的投资							
F12	政府在电视等媒体上进行创业宣传							
F13	发放林区农户创业培训材料							
F14	开展针对创业的现场指导							
F15	设有专门的创业指导人员							

G：您认为政府在林区农户创业上还需要做什么？

林区农户创业调查问卷（二）

您好！

感谢您的参与！您在本问卷中的回答仅作学术研究之用，不会对您个人造成任何不良影响。您的问卷将为我们的研究提供依据，也为林区农户创业的繁荣贡献力量。非常感谢您的支持。

——课题组

A. 请依据自己的真实情况，在相应的序号上打"√"，在括号内填入相关内容。

A1 性别	1. 女　2. 男
A2 年龄	（　　）岁
A3 教育程度	1. 小学及以下；2. 初中；3. 高中高职；4. 专科；5. 本科；6. 硕士及以上
A4 你家中最高学历	1. 小学及以下；2. 初中；3. 高中高职；4. 专科；5. 本科；6. 硕士及以上
A5 家庭身份	1. 未婚；2. 已婚，未做父母；3. 已做父母，未做（外）祖父母；4. 已做（外）祖父母或更高的辈分
A6 人口数（直系3代，向上一代，向下一代）	你家中有（　　）人，其中劳动力（　　）人，乡级及以上级别公务员（　　）人，村干部（　　）人，现役军人（　　）人，曾服军役（　　）人，教师等事业人员（　　）人，外地打工（　　）人，党员（　　）人

B. 请依据自己的真实情况，在相应的序号上打"√"，在括号内填入相关内容。

B1 所在位置	你所在地距离县城（ ）千米，距离乡镇（ ）千米
B2 林业资源	你所经营的林地有（ ）亩；其中公益林（ ）亩，集体林地（ ）亩，自有（ ）亩，流转出（ ）亩，流转入（ ）亩（1 亩≈666.7 平方米）
B3 家庭收入（2012 年）	总收入为（ ）元；其中，林业收入为（ ）元
B4 参与林业生产年数	（1）1 年以下；（2）2~5 年；（3）5~10 年；（4）10~20 年；（5）20 年以上
B5 涉林手艺情况	1. 家人有手艺；2. 家人无手艺
B6 涉林手艺获取途径	1. 自学；2. 家传；3. 职业培训；4. 学徒；5. 其他

C. 请依据自己的真实情况，在相应的序号上打"√"，在括号内填入相关内容。

C1 你家是否有林地流转？	1. 有转入；2. 有转出（进入 C2）/ 无（进入 C3）
C2 林地流转的原因？	1. 不流转没收入；2. 自行经营成本太高；3. 缺乏劳动力；4. 缺乏资金；5. 缺乏技术；6. 担心政策有变；7. 担心市场风险；8. 其他
C3 没有林地流转的原因？	1. 不知道林地林木可以流转；2. 找不到转入方；3. 要素交易市场离家远, 不方便流转；4. 林地面积小, 不值得市场交易；5. 林地面积小，没人愿意转入；6. 价格太低, 不想流转；7. 村里限制，不让流转；8. 其他
C4 你家是否参与林业生态工程建设	1. 参与［工程 1：退耕还林（草）工程；工程 2：生态公益林工程；工程 3：天保工程；工程 4：其他］；2. 没参与
C5 你家愿意参与林业生态工程的主要原因是什么	1. 可以得到补助，从而增加收入；2. 可以学到东西, 提高能力；3. 可有更多就业机会；4. 家里劳动力不足；5. 种地不赚钱；6. 其他
C6 你家不愿意参与林业生态工程的原因是什么	1. 收入受到影响；2. 农业生产受到影响；3. 林业生产受到影响；4. 生活受到影响；5. 其他原因

D. 请依据自己的真实情况，在相应的序号上打"√"，在括号内填入相关内容。

D1 创业状况	1. 已创业；2. 未创业（跳过 D2~D5；答 D6）（A. 有创业意向；B. 无创业意向）
D2 创业行业（可多选）	1. 速生丰产林；2. 木本粮油；3. 种苗花卉；4. 经济林果；5. 林下资源；6. 木材加工；7. 生物质能源；8. 林业运输等服务业；9. 其他
D3 创业年限	（1）1 年以下；（2）2~3 年；（3）3~4 年；（4）4~5 年；（5）5~7 年
D4 每年创业收入	（1）目前无收入；（2）5 000 元以下；（3）0.5~1 万元；（4）1 万~2 万元；（5）2 万~5 万元；（6）5 万~10 万元；（7）10 万元以上
D5 你选择创业的原因（可多选）	1. 收入太少；2. 空闲时间太多；3. 林地太少；4. 林业生产效益差；5. 周围人都在创业；6. 有专门的手艺；7. 政策好；8. 有闲置资金；9. 家中劳动力较多；10. 林地太多；11. 其他
D6 你未选择创业的原因（可多选）	1. 外出打工更合适；2. 林农业生产已经能够满足生活的需要；3. 家中有老人要照顾；4. 政府没有倡导；5. 政府政策限制；6. 周围没有人创业；7. 没有技术；8. 没有资金；9. 没有劳动力；10. 林地太少；11. 其他
D7 你选择创业的创业项目对环境	1. 破坏大；2. 破坏小；3. 没有破坏；4. 不清楚；5. 对环境有贡献
D8 如果创业项目在促进环境发展上有提升空间，你是否会有所考虑	1. 根本不考虑；2. 会考虑一些；3. 现在不好说；4. 会考虑；5. 会积极考虑

E. 针对已创业作答。请对以下内容按自己的真实感觉加以判断，并在 7 个选项所对应的空格内打"√"。

序号	项目	非常不同意 1——2——3——4——5——6——7 非常同意						
E1	你家族内部有人从事相关行业							
E2	你经常会从家族内部获得相关行业的信息							
E3	你从事该行业是受家族内部其他成员行为的影响							

续表

序号	项目	非常不同意 1—2—3—4—5—6—7 非常同意
E4	你在从事该行业的过程中经常收到来自家族内部其他成员的指导和鼓励	
E5	你的家庭、宗亲在公司的发展过程中起到了不可替代的作用	
E6	你认识很多政府部门的办事人员	
E7	政府提供资金支持	
E8	政府为产品销售提供支持	
E9	政府组织培训	
E10	常能从邻居处获得所需的知识	
E11	很容易了解行业内其他产品的生产情况	
E12	邻居之间经常沟通、协作	
E13	经常与外村、镇上的相关组织联系交换信息	
E14	很容易从外部获取信息	
E15	从外部渠道获取的信息正确、及时、有效	

F. 针对已创业作答。请对以下内容按自己的真实感觉加以判断，并在 7 个选项所对应的空格内打"√"。

序号	项目	非常不同意 1—2—3—4—5—6—7 非常同意
F1	跟生产同一产品的其他农户相比，我家的产品更能赚钱	
F2	外面市场不好的时候，我家仍卖得挺好	
F3	我家的事业发展的比其他家快	
F4	我家企业的产品和服务都让顾客感到满意	
F5	我家生意现在已经有了很好的名声	

G. 针对已创业作答。请对以下内容按自己的真实感觉加以判断，并在 7 个选项所对应的空格内打"√"。

序号	项目	非常不同意 1——2——3——4——5——6——7 非常同意						
G1	能够从政府、邻居或合作伙伴中获得新的技术							
G2	能够从政府、邻居或合作伙伴中获得新工具							
G3	能够从政府、邻居或合作伙伴中获得市场开发技能							
G4	能够从政府、邻居或合作伙伴中获得生产运作技能							
G5	能够从政府、邻居或合作伙伴中获得新产品及服务的开发技能							
G6	能够从政府、邻居或合作伙伴中获得管理经验							
G7	参与创业的人员之间有明确分工							
G8	参与创业的人员之间能即时传递重要信息							
G9	有顺畅的融资渠道，必要时可以获得足够的资金进行创业							
G10	具有顺畅的技术协作渠道，在遇到技术瓶颈时能获得支援							
G11	能动员内、外部很多资源进行创业							

H. 全部作答。请对以下内容按自己的真实感觉加以判断，并在 7 个选项所对应的空格内打"√"。

序号	项目	非常不了解 1——2——3——4——5——6——7 非常了解						
H1	你了解"白色污染"							
H2	你了解"生物多样性"							
H3	你了解"有机食品"							
H4	农村环境污染问题越来越严重							

续表

序号	项目	非常不了解 1—2—3—4—5—6—7 非常了解						
H5	农村生态环境问题到了要尽快解决的地步							
H6	现在农村的居住环境也在恶化							
H7	看到有人乱倒垃圾时,我会反感							
H8	看到河水又脏又浑时,我会感觉不舒服							
H9	看到山林被毁,我会很痛心							
H10	保护生态环境是政府的责任,与个人无关							
H11	人人都有义务保护生态环境							
H12	我愿意为保护生态环境做些贡献							
H13	个人对保护生态环境很难起到什么作用							
H14	我感觉自己对保护生态环境无能为力							
H15	创业中顾及生态环境会损害利润,我不会做							
H16	我在生产、生活中尽量使用有利于生态环境的产品							
H17	我在生产中会有意识生产有利于生态环境的产品							
H18	我在生产中会考虑节水\节电							

I 你认为政府在林区农户创业上还需要做什么,或者你有什么想法想告诉我们吗?

再次表示感谢!

J. 调研者手记

参 考 文 献

[1] Aarne M, Ha¨nninen R, Kallio M, Ka¨rna¨ J, et al. Forest sector entrepreneurship in Europe: Country studies [J]. Acta Silvatica and Lignaria Hungarica (.Special edition), 2005, 7-244.

[2] Acquaah M.Managerial social capital, strategicorientation, and organizational performance inan emergingEconomy [J]. Journal of Strategic Management, 2007, 28(12): 1235-1255.

[3] AcsZJ, Audretsch DB, Lehmann EE.Theknowledge spillover theory ofentrepreneurship [J].Small Business Economics, 2013, 41(4): 757–774.

[4] Adler P S, Kwon S W.Social Capital: Prospects for a New Concept[J]. The Academy of Management Review, 2002, 27(1): 17-40.

[5] Afrin S, et al. A multivariate model of micro credit and rural women entrepreneurship development in Bangladesh [J]. International Journal of Business &Management, 2009, 3(8): 169-185.

[6] Alsos GA, Carter S, LjunggrenE, et al. *The Handbook of Research on Entrepreneurship in Agriculture and RuralDevelopment* [M]. London: Edward Elgar Publishing, 2011.

[7] AshbyJ, HeinrichG, BurpeeG, et al. What farmers want: collective capacity for sustainable entrepreneurship [J]. International Journal of Agricultural Sustainability, 2009, 7(2): 130-146.

[8] AudretschDB, KeilbachM.Entrepreneurship capital and regional growth [J]. Annals of Regional Science, 2005, 39 (3): 457–469.

[9] Autant-Bernard C, MairesseJ, MassardN.Spatial knowledge diffusion through collaborative networks [J].Papers in Regional Science, 2007, 86 (3): 341–350.

[10] Baker W B, Faulkner R R.Social capital, double embeddedness, and mechanisms of stability and change [J].American Behavioral Scientist, 2009, 52 (11): 1531–1555.

[11] BaronRM, Kenny D A.The Moderator-MediatorVariable Distinction in Social Psychological Research: Conceptual, Strategic and Statistical Considerations [J].Journal of Personality and Social Psychology, 1986, 51 (6), 1 173–1 182.

[12] BeaudoinJM, Lebel L, et al. A comparison of Aboriginal and non-Aboriginal entrepreneurs in forestry sector [J].International Journal of Entrepreneurship and Small Business, 2011, 12 (1): 44–61.

[13] BernhoferL, HanZ. Contextual factors and their effects on future entrepreneurs in China: a comparative study of entrepreneurial intentions [J]. International Journal of Technology Management, 2014, 65 (1–4): 125–150.

[14] Block J H, Haibo Zhou, Roy T, et al. What turns knowledge into innovative products? The role of entrepreneurship and knowledge spillovers [J].Journal of Evolutionary Economics, 2013, 23 (4): 693–718.

[15] CanMF. Factors Influencing Entrepreneurship Level and Intention of Veterinarians in Turkey [J]. Kafkas üniversitesi Veteriner Fakültesi Dergisi, 2015, 21(6): 855–862.

[16] CavalluzzoKG.Implementing performancemeasurement innovations: evidence from government [J]. Accounting Organizations and Society, 2004, 29(3): 243–267.

[17] ChenY, TangGY, Jin JF, et al. CEOs' Transformational Leadership and Product Innovation Performance: The Roles of Corporate Entrepreneurship and Technology Orientation [J]. Journal of Product Innovation Management, 2014, 31(Supplement S1): 2–17.

[18] Chiu Y, Lee W, Chen T H.Environmentally responsible behavior in ecotourism: Antecedents and implications [J].Tourism Management, 2014, 40(1): 321–329.

[19] Chung SS, Poon CS.A comparison of waste reduction practices and New Environmental Paradigm in four Southern Chinese Areas [J]. Environmental Management, 2000, 26(2): 95–206.

[20] Comrey AL.Factor analytic methods of scale development in personality and clinical psychology [J]. Journal of Consulting and Clinical Psychology, 1988, 56(1): 754–761.

[21] Cook. S. Social Security in Rural China: A Report on Research in Four Countries [Z]. Research Report to ESCOR Department for International Development.2001.

[22] Darren R, Sharon L H, Susanne G C, et al.Scales of perception: public awareness of regional and neighborhood climates [J].Climatic Change, 2012, 111(3): 581–607.

［23］Davidsson P. The entrepreneurship research challenge［M］. Edward Elgar Publishing, 2009, 1–45.

［24］Delgado Mercedes, Porter Michael E., Stern Scott. Clusters and entrepreneurship[J]. Journal of Economic Geography, 2010, 2, 1–24.

［25］Dolnicar S, Leisch F. Selective marketing for environmentally sustainable tourism［J］. Tourism Management, 2008, 29（4）: 672–680.

［26］Donna C, Patrick S. Social capital, cognition, and entrepreneurial opportunities: a theoretical framework［J］. Entrepreneurship Theory and Practice, 2006,（30）: 41–56.

［27］EllenPS, Wiener JL, Cobb-Walgren C. The Role of Perceived Consumer Effectiveness in Motivating Environmentally Conscious Behaviors［J］. Journal of Public Policy&Marketing, 1991, 10（2）: 102–117.

［28］EscribanoAF, TribJA. Managing external knowledge flows: the moderating role of absorptive capacity［J］.Research Policy, 2009, 38（1）: 96–105.

［29］FallahM, IbrahimS. Knowledge spillover and innovation in technological clusters［C］.Washington D.C.: Proceedings, IAMOT 2004 Conference, 2004.

［30］Felzensztein Christian, Gimmon Eli.Social networks and marketing cooperation in entrepreneurial clusters: An international comparative study［J］. Journal of International Entrepreneuship, 2009, 7（4）: 281–291.

[31] Fortunato W P. Supporting rural entrepreneurship: a review of conceptual developments fromresearch to practice [J]. Community Development, 2014, 45 (4): 387-408.

[32] FosfuriA, Trib JA.Exploring the antecedents of potential absorptive capacity and its impact on innovation performance [J].Omega, 2008, 36 (2): 173-187.

[33] Fraj Andrés E, Martínez E. Ecological Consumer Behaviour: An Empirical Analysis [J].International Journal of Consumer Studies, 2007, 31 (1): 26-33.

[34] Gao J, Zhang Y L, Chang-Zheng H E. An Empirical Research: Farmer's Initial Social Capital Affect Entrepreneurial Opportunity Identification [J]. Journal of Huazhong Agricultural University, 2013.

[35] Gao J, et al. The farmer entrepreneurs' social capital and opportunityrecognition behavior [J].Asian AgriculturalResearch, 2013, 5 (3): 84-88+93.

[36] Garcia-MoralesVJ, Llorens-MontesFJ, Verdu-JoverAJ. Antecedents and consequences of organizational innovation and organizational learning in entrepreneurship [J]. Industrial Management & Data Systems, 2006, 106 (1): 21-42.

[37] Gartner W B. What are we talking about when we talk about entrepreneurship? [J]. Journal of Business Venturing, 1990, 5(1): 15-28.

[38] Gellynck X, Cárdenas J, Pieniak Z, et al. Association between Innovative Entrepreneurial Orientation, Absorptive Capacity, and Farm Business Performance [J]. Agribusiness, 2014, 31(1): 91-106.

[39] Gosselin Frédéric. Redefining ecological engineering to promote its integration with sustainable development and tighten its links with the whole of ecology [J]. Ecological Engineering, 2008, 32(3): 199-205.

[40] Griliches Z. *R&D and Productivity: The Econometric Evidence* [M]. Chicago: The University of Chicago Press, 1998, 1-14.

[41] Guiso Luigi, Schivardi Fabiano. What determines entrepreneurial clusters? [J]. Journal of the European Economic Association, 2010, 1: 1-26.

[42] Gunatilleke N. Forest sector in a green economy: a paradigm shift in global trends and national planning in Sri Lanka [J]. Journal of the National Science Foundation of Sri Lanka, 2015, 43(2): 101-109.

[43] Hellmann Thomas. IPOs.aquisitions and the use of convertible securities in venture capital [J]. Journal of Financial Economics, 2006, 81, 649-679.

[44] Hines J M, Hungerford HR, Tomera AN. Analysis and synthesis of research on responsible Environmental behavior: a meta-analysis [J]. Journal of environmental Education, 1986, 18(2): 1-8.

[45] Hofstra N, Huisingh D. Eco-innovations characterized: a taxonomic classification of relationships between humans and nature [J]. Journal of cleaner production, 2014, 66(2): 459-468.

[46] Högnäs, T.*Towards supplier partnerships in timber harvesting and transportation* [M]. Vantaa: Forestry publications of Metsähallitus, 2000: 45.

[47] HollidayR., and LetherbyG. Happy Families or Poor Relations? An Exploration of Familial Analogies in the Small Firm, International Small Business Journal, 1993, Vol.11: 54~63.

[48] Hultåker O.Entrepreneurship in the forest harvesting industry: a qualitative study of development in small enterprises [D]. Uppsala: Swedish University of Agricultural Science, 2006: 87.

[49] Jaffe A B.Technological Opportunity and Spillovers of R&D: Evidence from Firms' Patents, Profitsand Market Value [J]. American Economic Review, 1986, 76(5): 984-1001.

[50] Jamie Z, Jennie L H, Karen Z, et al. Environmental perceptions and objective walking trail audits inform a community-based participatory research walking intervention [J]. International Journal of Behavioral Nutrition and Physical Activity, 2012, 9(1): 6-13.

[51] Jantunen A.Knowledge-processing capabilities and innovative performance: an empirical study [J].European Journal of Innovation Management, 2005, 8(3): 336-349.

[52] JD Van der Ploeg. *The new peasantries: struggles for autonomy and sustainability in an era of empire and globalization* [M]. Earthscan in the UK and USA, 2008.

[53] Jesse EV, Rogers R. T. Farmers' Cooperatives value in the minds of the farmers [D]. Swedish University of Agricultural Science, 2006.

[54] Kader R A, et al.Success factors for small rural entrepreneursunder the One- District-One-Industry programme in Malaysia [J]. Contemporary Management Research, 2009, 5(2): 147-162.

[55] KassarjianH. Incorporating ecology into marketing strategy: The case of air Pollution [J]. Journal of Marketing, 1971, 35(3): 61-65.

[56] Kee-Bom N.The SpatialStructure of Unplanned Shopping Clusters developed along the Cheonggyechon- ro and the Emergence New Industrial Clusters [J]. International Journal of Urban Sciences, 2001, 5(1): 1-13.

[57] Kong T M, Kellner K, Marsh S E, et al. Assessing rangeland condition in the Kalahari Duneveld through local ecological knowledge of livestock farmers and remotely sensed data [J]. Journal of Arid Environments, 2015, 38(113): 77-86.

[58] KRUEGER N F. What lies beneath? The experiential essence of entrepreneurial thinking [J]. Entrepreneurship Theory and Practice, 2007, 31(1): 123-138.

[59] Kum, Jihun. The Causal Relationship among Environmental Behavior, Environmental Knowledge, Locus of Control, Environmental Attitudes and Environmental Behavior Intention of Elementary School Students [J]. Journal of Korean Practical Arts Education, 2011, 24(3): 27-54.

[60] Kwon S W, Adler P S. Social Capital: Maturation of a Field of Research [J]. Academy of Management Review, 2014, 39(4): 412-422.

[61] Lahti A.The new microeconomics of growth firms in small open and open countries like Finland [C]. COST Action E30 meeting, Iceland, June 2005: 1–100.

[62] LarssonM. Environmental Entrepreneurship in Organic Agriculture in Jarna, Sweden[J]. Journal of Sustainable Agriculture, 2012, 36(2): 153–179.

[63] Lee, Hoosuk. The Influences of Tourists' Environmental Perceptions on Satisfactions and Attitudes–The Case of New Environment Paradigm of Tourists to Slow city [J]. Korean Journal of Tourism Research, 2013 (28): 189–204.

[64] Lichtenthaler U.Absorptive Capacity, Environmental Turbulence, and the Complementary of Organizational Learning Processes [J]. Academy of Management Journal, 2013, 56 (6): 1 830.

[65] LiFZ, LuSS, SunYN, et al. Integrated Evaluation and Scenario Simulation for Forest Ecological Security of Beijing Based on System Dynamics Model [J]. Sustainability, 2015, 7 (10): 13 631–13 659.

[66] Lin S and SiS. Factors affecting peasant entrepreneurs' intention in the Chinesecontext [J].International Entrepreneurship and Management Journal, 2014, 10 (4): 803–825.

[67] LinZ, PicotG, Compton J. The Entry and Exit Dynamics of Self-employment in Canada[J]. Small Business Economics, 2000, 15(2), 105–125.

[68] LiuMC, LiuXC, YangZS. An integrated indicator on regional ecological civilization construction in China [J]. International Journal of Sustainable Development & World Ecology, 2015, 23(1): 53–60.

[69] Lucas R E.On the mechanics of economic development. Journal of Economics [J]. Journal of Monetary Economics, 1988, 22(1): 3–42.

[70] LudvigA, TahvanainenV, DicksonA, et al. The practice of entrepreneurship in the non-wood forest products sector: Support for innovation on private forest land [J]. Forest Policy and Economics, 2016, 66(2): 31–37.

[71] LunnanA, NybakkE, VenneslandB.Entrepreneurial attitudesand probability for start-ups-an Investigation of Norwegian non-industrial private forest owners [J]. Forest Policy and Economics, 2005(7): 683–690.

[72] M.Mauceri, J. Alwang, G. Norton, and V. Barrera.Adoption of Integrated Pest Management Technologies: A Case Study of Potato Farmers in Carchi, Ecuador [J].American Agricultural EconomicsAssociation Annual Meeting, Providence, Rhode Island, July 2005: 24–27.

[73] Mariapia Mendola. Agricultural Technology Adoption and Poverty Reduction: A Propensity—score Matching Analysis for Rural Bangladesh [J]. Food Policy, 2007, 32: 372–393.

[74] Markus Larsson. Environmental Entrepreneurship in Organic Agriculture in Järna, Sweden, Journal of Sustainable Agriculture, 2012, 36(2): 153–179.

[75] MinW. How to Construct System Guarantee for Economic Development of Eco-tourism Resources Based on Value Compensation [J]. Anthropologist, 2015, 22 (1): 101-112.

[76] NaudeW.Entrepreneurship and the Reallocation of African Farmers: Delivered as the Simon Brand Memorial Lecture, Agricultural Economics Society of South Africa, Khaya Ibhubesi, Vredefort Dome, South Africa, 30 September 2015 [J].Agrekon, 2016, 55 (1-2): 1-33.

[77] Nijkamp P, Stough R. Knowledge spillovers, entrepreneurship and economic development [J].The Annals of Regional Science, 2009, 43 (4): 835-838.

[78] Niska M, Vesala H T, Vesala K M. Peasantry and Entrepreneurship As Frames for Farming: Reflections on Farmers' Values and Agricultural Policy Discourses[J]. Sociologia Ruralis, 2012, 52(4): 454-468.

[79] Niskanen Anssi et al. Policies Affecting Forestry Entrepreneurship[J]. Small-scale Forestry, 2007, 6, 233-255.

[80] Noh, Mi JIn.The Influence of the Environmental Concern and Environmental Knowledge on the Purchase Intention of Green IT Product: Considering Involvement [J].Korean Journal of Business Administration, 2010, 23 (1): 361-383.

[81] NonicD, AvdibegovicM, NedeljkovicJ, et al. Typology of non-wood forest products based enterprises in Serbia [J]. Notulae Botanicae, Horti Agrobotanici, Cluj-Napoca, 2014, 42 (2): 583-587.

[82] O'Leary, Rosemary, Catherine Gerard, Lisa Blomgren Bingham. Introduction to the Symposium on Collaborative Public Management [J]. Special issue, Public Administration Review, 2006(66): 6–9.

[83] Olcott G, Oliver N. Social Capita, Sensemaking, and Recovery: Japanese Companies And The 2011 Earthquake [J]. California Management Review, 2014, 56(2): 7.

[84] PandeyDK, DeHK. Entrepreneurial behaviour of tribal fish farmers in Tripura, north-east India [J]. Indian Journal of Fisheries, 2015, 62(1): 149-152.

[85] Pelloni G. Rural entrepreneurs and institutional assistance: an empirical study frommountainous Italy [J]. Entrepreneurship & Regional Development, 2006, 18(5): 371-392.

[86] Penttinen Markku, Jarmo Mikkola and Arto Rummukainen. Profitability of wood harvesting enterprises [J]. Working Papers of the Finnish Forest Research Institute publishes preliminary.research results and conference proceedings, 2009.

[87] Perkins H E, Brown P R. Environmental values and the so-called true eco-tourist [J]. Journal of Travel Research, 2012, 51(6).

[88] Petermanne, Kennedyj. Enterprise education: influencing students' perceptions of entrepreneurship [J]. Entrepreneurship Theory and Practice, 2003, 28(2): 129-144.

[89] Rametsteiner E, Weiss G, Kubeczko K. Innovation and Entrepreneurship in Forestry in Central Europe [R]. Leiden: Brill Academic Publishers, 2005: 179.

[90] Ramkissoon H, Smith L D G, Weiler B.Relationships between place attachment, place satisfaction and pro-environmental behaviour in an Australian national park [J] .Journal of Sustainable Tourism, 2013, 21 (3): 434- 457.

[91] ReesJH, KlugS, BambergS.Guiltyconscience: motivating pro-environmental behavior by inducing negative moral emotions [J]. Climatic Change, 2015, 130 (3): 439-452.

[92] Ring J K, et. al. Business Networks and Economic Development in Rural Communities in the United States [J]. Entrepreneurship Theory and Practice, 2010, 34 (1): 171-195.

[93] Romer P. Endogenous Technological Change [J]. Journal of Political Economy, 1990, 98 (5): S71-108.

[94] Ryu, Jae-Myong. A Study on the Effects of Elementary School Student's Environmental Emotion in Environmentally ResponsibleBehavior [J].The Journal of The Korean Association of Geographic and Environmental Education, 2015, 23 (1): 159-172.

[95] SaxenianA L.Silicon Valley's new immigrant high-growth entrepreneurs[J]. EconomicDevelopment Quarterly, 2002, 16(1): 20-31.

[96] Shixiong Cao, Li Chen, David Shankman, Chunmei Wang, Xiongbin Wang, and Hong Zhang. ExcessiveReliance on Afforestation in China's Arid and Semi-arid Regions: Lessons inEcological Restoration. Earth-ScienceReviews, 2011, 104: 240-245.

[97] SikoraAT, NybakkE. Rural development and forest owner innovativeness in a country in transition: Qualitative and quantitative insights from tourism in Poland [J]. Forest Policy & Economics, 2012, 15 (1): 3–11.

[98] Silvasti Tiina. The cultural model of "the good farmer" and the environmental question in Finland [J]. Agriculture and Human Values, 2003, 20 (2): 143–150.

[99] Slotte-Kock S, Coviello N. Entrepreneurship Research on Network Processes: A Review and Ways Forward [J]. Entrepreneurship Theory and Practice, 2010, 34 (1): 31–57.

[100] Soh P. The role of networking alliances in information acquisition and its implications for new product performance. Journal of Business Venturing, 2003, 18, 727–744.

[101] SoleimaniN, RazaviSM, FarhangiA, et al. Epistemology of Media Entrepreneurship and its Measuring in Media Organization [J]. Life Science Journal, 2013, 10 (1): 561–576.

[102] SteenM, MaijersW. Inclusiveness of the Small-Holder Farmer Key Success Factors for Ethiopian Agribusiness Development [J]. International Food & Agribusiness Management Association, 2014, 17 (B): 83–88.

[103] SternbergRJ, Horvath JA. Tacit Knowledge in Professional Practice [M]. Mahwah, NJ: Taylor and Francis, 1999: 207–209.

[104] StevensJ. *Applied multivariate statistics for the social sciences (5th Revised edition)* [M]. Routledge Academic, 2009.

[105] Su C, Lu C, Gao S, et al. The Knowledge Spillover Theory of Entrepreneurship in Alliances [J].Entrepreneurship Theory and Practice, 2014, 38(4): 913-940.

[106] Subekti S, Mudiyono, Wastutiningsih S P. The role of social capital in improving the dynamics of farmer groups [J]. International Journal of Computational Systems Engineering, 2013, 1(2): 139-150.

[107] T. Marsden and E. Smith. Ecological Entrepreneurship Sustainable Development in Local Communities through Quality Food Production and Local Branding, Geoforum [J]. Vol. 36, No. 4, 2005: pp. 440-451.

[108] Tariq Khan M, et al. Entrepreneurship Development: One of the Ways of Rural Development through Rural HRD [J]. International Journal of Business and Behavioral Sciences, 2012, 2(8): 14-23.

[109] Terry Marsden, Everard Smith. Ecological entrepreneurship: sustainable development in local communities through quality food production and local branding [J].Geoforum, 2005, 36(4): 440-451

[110] Tinsley, H. E. A., Tinsley. D. J. Use of factor analysis in counseling psychology research [J]. Journal of Counseling Psychology, 1987, (34): 414-424.

[111] Uusitalo J, Markkola J-M. Entrepreneurship in forestry: Is it worth activating? [J].Forestry Studies, 2006, 45(1): 67-73.

[112] VenkateshV, Morris MG, Davis GB, et al.User Acceptance of Information Technology: Toward a Unified View [J].MIS Quarterly, 2003, 27 (3): 425-478.

[113] Vennesland B. Social capital and rural economic development, with relevance for the utilization of forest resources [D]. Agricultural University of Norway, Aas, 2004.

[114] Wadsworth J-J.Strategic planning in farmer cooperatives [R]. Washington, D.C.: United States Department of Agriculture, 2001: 1-42.

[115] Wang YT, SunMX, WangRQ, et al. Promoting regional sustainability by eco-province construction in China: A critical assessment [J]. Ecological Indicators, 2015, 51 (SI): 127-138.

[116] WilliamsS J, JonesJ PG, GibbonsJ M, et al. Botanic gardens can positively influence visitors' environmental attitudes [J]. Biodiversity and a Conservation, 2015, 24 (7): 1 609-1 620.

[117] Yadav DS, Chahal VP, SinghU. Factors influencing entrepreneurial behaviour of farm women involved in vegetable farming: An empirical analysis [J]. Indian Journal of Agricultural Sciences, 2014, 84 (12): 1 537-1 541.

[118] Yongji Xue, Xinyu Liu.Growth mechanism for cluster entrepreneurship of peasant households: There cases in the Chineseforestzone[J].Chinese Management Studies, 2015, 9(2): 221-238.

[119] ZahraSA, GeorgeG.Absorptive capacity: A review, reconceptualization and extension[J].Academy of Management Review, 2002, 27(2): 185-203.

[120] Zhao H, SeibertSE, HillsGE.The Mediating Role of Self-efficiency in the Development of Entrepreneurial Intention[J].Journal of Applied Psychology, 2005, 90(6): 1 265-1 272.

[121] 安源, 钟韵.研发和知识溢出对城市创新绩效作用的实证研究——基于广东21个地级市的空间面板数据分析[J].科技进步与对策, 2013, 30(1): 54-58.

[122] 白波.加强生态建设加速经济转型生态建设与经济发展双赢[J].中国林业企业, 2005(06): 3-5.

[123] 白峰.基于生命周期理论视角的创业生态系统研究[J].现代管理科学, 2015, 19(12): 52-54.

[124] 边燕杰, 丘海雄.企业的社会资本及其功效[J].中国社会科学, 2000, 21(2): 87-99.

[125] 边燕杰.社会资本研究[J].学习与探索, 2006(02): 39-40+269.

[126] 才正.农民创业对农户土地流转意愿的影响研究[D].哈尔滨：东北农业大学, 2015.

[127] 蔡莉, 彭秀青, Satish Nambisan, 等.创业生态系统研究回顾与展望[J].吉林大学社会科学学报, 2016, 62(1): 5-16+187.

[128] 曹俊勇, 张乐柱.城镇化下创业农户借贷意愿及影响因素实证分析[J].上海金融学院学报, 2015, 27(3): 29-36.

[129] 曹勇, 向阳.企业知识治理、知识共享与员工创新行为——社会资本的中介作用与吸收能力的调节效应[J].科学学研究, 2014, 32(01): 92-102.

［130］曾红英．森林资源保护与合理开发林下资源的探讨［J］．南方农业，2016，10（03）：98+100．

［131］陈琛．创业知识溢出理论与实证研究［D］．合肥：合肥工业大学，2010．

［132］陈欢，崔元，霄迈．生态创业：拓宽农民工创业新天地［J］．中国就业，2015，21（11）：24-25．

［133］陈建成．创新林业经营管理体制激发林区农户创业潜力——评《林区农户创业理论与实证研究》一书［J］．林业经济，2016，38（5）：95-96．

［134］陈金平，张雪松．美国高校创业教育生态系统构建及启示［J］．继续教育研究，2016，23（3）：110-112．

［135］陈侃翔，程宣梅，刘淑春，池仁勇．国内外创业生态系统构建经验对浙江省的启示［J］．浙江工业大学学报（社会科学版），2015，14（2）：133-137．

［136］陈秋红．呼伦贝尔草原地区牧民生态意识调查［J］．中国生态农业学报，2009，17（6）：1 265-1 272．

［137］崔祥民，杨东涛．生态价值观、政策感知与绿色创业意向关系［J］．中国科技论坛，2015，31（6）：124-129．

［138］戴春，倪良新．基于创业生态系统的众创空间构成与发展路径研究［J］．长春理工大学学报（社会科学版），2015，35（12）：77-80．

［139］戴志利．农村居民生态意识和健康意识与生态消费关系的实证研究［D］．长沙：湖南大学，2010．

［140］邓道才，唐凯旋．信贷排斥、家庭资本与农民创业选择——基于安徽省696份农户调查数据［J］．湖南农业大学学报（社会科学版），2015，65（1）：1-8．

[141] 董华,褚庆柱,秦国欣,等.青岛市大学生创业生态系统运行效率的综合评价[J].青岛科技大学学报(社会科学版),2015,31(4):100-106.

[142] 杜传迎.信用示范户带动青年农户创业[J].中国农村金融,2015,34(22):81-82.

[143] 杜娟.苏宁:"互联网+零售"破解农户创业难[J].WTO经济导刊,2015,14(11):89.

[144] 方松海,孔祥智.农户禀赋对保护地生产技术采纳的影响分析——以陕西、四川和宁夏为例[J].农业技术经济,2005,24(3):35-42.

[145] 费孝通.乡土中国[M].南京:江苏文艺出版社,2007.

[146] 高静,贺昌政.信息能力影响农户创业机会识别——基于456份调研问卷的分析[J].软科学,2015,29(3):140-144.

[147] 高静,张应良.基于1990—2011年统计数据的农户创业、分工演进、交易效率与农村经济增长分析[J].西南大学学报(自然科学版),2014,36(5):113-119.

[148] 高静,张应良.农户创业:初始社会资本影响创业者机会识别行为研究——基于518份农户创业调查的实证分析[J].农业技术经济,2013,32(1):32-39.

[149] 高静,张应良.农户创业价值实现与环境调节:自资源拼凑理论透视[J].改革,2014,30(1):87-93.

[150] 高小锋.创业环境与新创企业绩效的关系研究[D].杨凌:西北农林科技大学,2014.

[151] 高云,方志刚,樊增广.运用生态化教学模式培养大学生的创新创业实践能力——以"食品生物技术"课程教学为例[J].高等农业教育,2015,22(5):67-71.

[152] 耿新. 企业家社会资本、吸收能力与组织动态能力——以小型科技企业为例[J]. 经济理论与政策研究, 2009（00）: 112-135.

[153] 顾亮. 大型银行的农户小额贷款信用风险控制[D]. 南京: 南京农业大学, 2013.

[154] 郭军盈. 中国农民创业问题研究[D]. 南京: 南京农业大学, 2006.

[155] 郭曼, 郭雷风. 我国大众创业生态体系建设的思考——基于我国"千人计划"创业人才入选情况分析[J]. 科技管理研究, 2016, 36（5）: 36-40.

[156] 郭洋. 农户就地创业过程中借贷意愿影响因素研究[D]. 西安: 西北农林科技大学, 2015.

[157] 国家林业局. 2014中国林业发展报告[R]. 北京: 国家林业局, 2014.

[158] 郝志鹏, 张所地. 国际生态创业研究知识图谱分析[J]. 科技进步与对策, 2015, 32（24）: 131-137.

[159] 贺爱忠, 杜静, 陈美丽. 零售企业绿色认知和绿色情感对绿色行为的影响机理[J]. 中国软科学, 2013, 28（4）: 117-127.

[160] 侯牧云, 覃凯咏, 雷硕, 等. 促进农户创业集群品牌发展的政策设计[J]. 中国集体经济, 2014, 30（10）: 19-20.

[161] 胡百川. 生涯发展视角下IT类大学生动态创业生态系统研究[D]. 沈阳: 沈阳师范大学, 2015.

[162] 胡豹. 金融支持农民工返乡创业研究[J]. 山西财经大学学报, 2011, 33（S3）: 98-100.

[163] 黄凤，杨丹.创业资源禀赋、外部环境和农户创业借贷——影响途径和政策启示［J］.科技与经济，2015，28（4）：61-65.

[164] 黄光国.人情与面子［J］.经济社会体制比较，1985（03）：55-62.

[165] 黄国辉.地方高校大学生创业教育生态系统的构建［J］.创新与创业教育，2015，6（1）：21-24.

[166] 黄鹤.我国农民工返乡生态创业环境研究［D］.北京：首都师范大学，2013.

[167] 黄润斌.经济新常态下国家高新区创新创业生态系统构建——以南宁高新区为例［J］.改革与战略，2016，32（2）：120-124.

[168] 黄振华.我国农民工返乡创业调查报告［J］.调研世界，2011，19（8）：36-39.

[169] 霍红梅.社会资本视角下农民创业绩效影响因素及其性别差异——以辽宁125家农户调查数据为例［J］.党政干部学刊，2015，26（10）：56-60.

[170] 霍霈.林业产业发展与生态建设的联系［J］.现代园艺，2015（12）：225.

[171] 江美芳.农户创业的农村金融服务渠道优化策略探讨［J］.商业经济研究，2015，34（31）：107-108.

[172] 蒋乃华，封进.农村城市化进程中的农民意愿考察——对江苏的实证分析［J］.管理世界，2002（02）：24-28+73.

[173] 金迪，蒋剑勇.基于社会嵌入理论的农民创业机理研究［J］.管理世界，2014（12）：180-181.

［174］金鋆. 农民合作社：创业资源来源及获取策略研究［D］. 武汉：华中农业大学，2015.

［175］景丽杰. 浅谈黑龙江省林业生态建设［J］. 内蒙古林业调查设计，2010，33（04）：17-18.

［176］柯水发. 基于进化博弈理论视角的农户群体退耕行为分析［J］. 林业经济，2007（02）：59-62.

［177］孔祥智.《集体林产权制度改革绩效分析——对福建省的实证研究》书评［J］. 农业技术经济，2008（05）：110-111.

［178］李超. 农户土地使用权抵押意愿与模式优化［D］. 北京：中国农业大学，2014.

［179］李春梅. 可行能力视角下山西省矿区失地农民创业问题研究［D］. 太原：山西财经大学，2016.

［180］李凡，薛永基. 林区农户创业政策需求的实证研究——基于三省六地的问卷调研分析［J］. 林业经济，2016，38（2）：45-49.

［181］李含琳. 对我国农民工返乡创业问题的经济学思考［J］. 青海师范大学学报（哲学社会科学版），2008（05）：1-6.

［182］李杰. 构建专业学生社团创业微生态的可行性研究［J］. 学校党建与思想教育，2016，32（1）：73-75.

［183］李莉. 辽东山区林下经济发展模式及规划措施［J］. 辽宁林业科技，2014（03）：71-72.

［184］李六. 社会资本：形成机制与作用机制研究［D］. 上海：复旦大学，2010.

［185］李曼琳. 农民专业合作社对农户收入影响的研究——基于浙江省仙居县杨梅产业的分析［D］. 杭州：浙江大学硕士学位论文，2008.

[186] 李培凤. 基于三螺旋创新理论的大学发展模式变革研究 [D]. 太原：山西大学，2015.

[187] 李秋成，周玲强. 感知行为效能对旅游者环保行为决策的影响 [J]. 浙江大学学报（理学版），2015，42（4）：459-465.

[188] 李一. 美国高校创业生态系统对我国创业教育的启示——以麻省理工学院为例 [J]. 继续教育，2015，29（8）：19-21.

[189] 李周，等. 森林资源丰富地区的贫困问题研究 [M]. 北京：中国社会科学出版社，2004.

[190] 林启艳，陈江. 生态创业研究：定义、影响因素和风险规避机制 [J]. 铜陵学院学报，2015，14（5）：26-30.

[191] 刘海霞，宋秀葵. 生态意识：生态文明建设的动力系统 [J]. 山东青年政治学院学报，2014，30（1）：51-55.

[192] 刘健钧. 境外创业投资引导基金运作模式与启示 [J]. 中国科技投资，2006（10）：42-46.

[193] 刘伟，罗公利. 基于组织生态理论的科技企业创业环境构成要素模型研究 [J]. 青岛科技大学学报（社会科学版），2015，3（31）1：69-74.

[194] 刘欣禹，王明天，薛永基. 家族资本影响林农创业绩效的实证研究——知识溢出与吸收能力的中介效应 [J]. 林业经济，2016，（12）：73-78.

[195] 刘新智，刘雨松，李璐. 创业环境对农户创业行为选择的影响 [J]. 西南大学学报（自然科学版），2015，32（4）：1-8.

[196] 刘新智，刘雨松. 外出务工经历对农户创业行为决策的影响——基于518份农户创业调查的实证分析 [J]. 农业技术经济，2015，34（6）：4-14.

[197] 刘琰,萨仁高娃,黎夏松.北京城郊农户创业集群品牌的公地悲剧分析及契约治理机制研究[J].南方农业,2015,9(9):118-119+125.

[198] 刘亦晴,许春冬.专业硕士创业生态系统的调查研究——基于江西理工大学MBA学员的调查[J].江西理工大学学报,2016,37(2):69-73.

[199] 刘雨松.创业农户对农村创业环境评价:来自年龄差异的响应[J].贵州财经大学学报,2014,32(1):106-111.

[200] 罗明忠,陈明.人格特质对农民创业绩效影响的实证分析——兼议人力资本的调节作用[J].华中农业大学学报(社会科学版),2015(02):41-48.

[201] 罗雪.农村经济能人形成的影响因素研究[D].成都:西南交通大学,2014.

[202] 马小辉.创业教育的生态文明[J].教育与职业,2014,95(20):95-97.

[203] 梅子侠,孙鸽.形成保障林区生态建设的制度合力[J].奋斗,2015(02):38-39.

[204] 孟丽,唐晓婷.创业生态系统研究溯源及前沿探析[J].安徽理工大学学报(社会科学版),2015,35(1):25-29.

[205] 苗淑娟.融资方式对新创企业绩效的影响研究[D].长春:吉林大学,2007.

[206] 庞静静.创业生态系统研究进展与展望[J].四川理工学院学报(社会科学版),2016,31(2):53-64.

[207] 庞立娜,连卢巧.浅谈林区生态建设与森林经营改革[J].中国新技术新产品,2014(13):147.

［208］彭艳玲，孔荣，Calum G.Turvey.农村土地经营权抵押、流动性约束与农户差异性创业选择研究——基于陕、甘、豫、鲁1465份入户调查数据［J］.农业技术经济，2016，35（5）：50-59.

［209］彭远春.城市居民环境认知对环境行为的影响分析［J］.中南大学学报（社会科学版），2015，17（3）：168-174.

［210］齐玮娜，张耀辉.创业、知识溢出与区域经济增长差异——基于中国30个省市区面板数据的实证分析［J］.经济与管理研究，2014（09）：23-31.

［211］钱永红.个人特质对男女创业意向影响因素的比较研究［J］.技术经济，2007，26（7）：8-13.

［212］冉光和,田庆刚.农村家庭资产金融价值转化的问题及对策［J］.农村经济，2016，34（4）：56-61.

［213］任劼，孔荣，Calum Turvey.农户信贷风险配给识别及其影响因素——来自陕西730户农户调查数据分析［J］.中国农村经济，2015，31（3）：56-67.

［214］沈超红，刘芝兰，卢孟孟.生态创业研究述评［J］.中南大学学报（社会科学版），2015，21（2）：118-123.

［215］沈鑫泉.生态环境视角下大学生创业能力提升策略［J］.中国青年研究，2015，27（12）：77-81.

［216］沈盈盈.浅谈"杨梅经济效应"——以仙居为例［N］.网络财富，2010-08-08（B15）.

［217］史清华，张惠林.农户家庭经营非农化进程与历程研究［J］.经济问题，2000（04）：45-48.

［218］宋言奇.社会资本与农村生态环境保护［J］.人文杂志，2010，61（1）：163-169.

[219] 宋阳.黑龙江省森林食品产业发展研究[D].哈尔滨:东北林业大学,2008.

[220] 苏富平.扶贫小额贷款助力低收入农户"微创业"[J].群众,2015,78(5):54-55.

[221] 苏岚岚,彭艳玲,孔荣.创业资本对农户创业绩效的影响实证研究——基于陕、甘、豫、鲁农户调查[J].农林经济管理学报,2016,15(2):169-178.

[222] 孙红召,郑谊,袁爱荣.河南省林业合作经济组织发展研究[J].河南林业科技,2006(04):29-30.

[223] 孙丽辉等.区域品牌形成与效用机理研究[N].北京:人民出版社,2010.

[224] 孙长林,张彬.全面推进林权制度改革加快阔叶红松林恢复[J].黑龙江生态工程职业学院学报,2009,22(02):80-81.

[225] 谭丽荣,刘志刚.山东省农村地区居民环境意识调查分析[J].环境保护,2008,36(4):47-51.

[226] 谭荣.陕南秦巴山区农户环境行为的影响因素分析[D].太原:山西师范大学,2012.

[227] 万俊毅."公司+农户"模式[M].北京:中国农业出版社,2014.

[228] 王传毅,黄显惠.学术资本主义下的大学创业生态系统构建[J].现代教育管理,2016,37(1):54-58.

[229] 王大贤.青年民工返乡创业的制约因素分析及其对策[J].安徽理工大学学报(社会科学版),2005,7(2):17-19.

[230] 王飞.基于碳汇交易目标的林农经营意愿研究——以浙江省和江西省为例[D].临安:浙江农林大学,2012.

[231] 王国华. 农民创业现状及其影响因素研究[D]. 扬州: 扬州大学, 2009.

[232] 王国顺, 杨昆. 社会资本、吸收能力对创新绩效影响的实证研究[J]. 管理科学, 2011, 24(5): 23-36.

[233] 王建明, 郑冉冉. 心理意识因素对消费者生态文明行为的影响机理[J]. 管理学报, 2011, 8(7): 1027-1035.

[234] 王珂英, 张鸿武. 农村金融包容发展对农户创业影响的实证分析[J]. 统计与决策, 2016, 32(11): 133-136.

[235] 王明杰. 主要发达国家城市创新创业生态体系建设比较研究——以德国、美国、英国、法国为例[J]. 行政论坛, 2016, 23(2): 99-104.

[236] 王天力. 隐性知识获取吸收能力与新创企业创新绩效关系研究[D]. 长春: 吉林大学, 2013.

[237] 王文献. 我国新型农民专业合作社融资问题研究[D]. 成都: 西南财经大学, 2007.

[238] 王小欢. 浙江省海宁市尖山新区林改后林业创业调研报告[J]. 绿色中国, 2011, 8(20): 69-73.

[239] 王玉芳, 杨凤均, 周妹, 刘华根. 大小兴安岭国有林区生态建设水平和经济转型能力评价[J]. 林业经济, 2016, 38(04): 13-19.

[240] 韦世平. 文山州:"农户联保"促进创业就业[J]. 致富天地, 2013, 15(2): 36.

[241] 卫龙宝, 胡慧洪, 钱文荣, 曹明华. 城镇化过程中相关行为主体迁移意愿的分析——对浙江省海宁市农村居民的调查[J]. 中国社会科学, 2003(05): 39-48+206.

［242］魏江.小企业集群创新网络的知识溢出效应分析［J］.科研管理，2003（04）：54-60.

［243］魏玲玲.生态文明理念下的我国大学生生态创业研究［D］.临安：浙江农林大学，2013.

［244］翁辰，张兵.信贷约束对中国农村家庭创业选择的影响——基于CHFS调查数据［J］.经济科学，2015，37（6）：92-102.

［245］吴挨旺.山西省直林区"双百"精品工程造林技术［J］.山西林业科技，2013，42（01）：57-58.

［246］吴本健，胡历芳，马九杰.社会网络、信息获取与农户自营工商业创办行为关系的实证分析［J］.经济经纬，2014，31（5）：32-37.

［247］吴明隆.结构方程模型——Amos实物进阶［M］.重庆：重庆大学出版社，2013.

［248］吴向阳，卢伟佳，吴成.关于城市居民环境态度与环境行为研究——对深圳部分居民的问卷调查［J］.环境与可持续发展，2014，39（2）：98-101.

［249］武学超.芬兰阿尔托大学创业生态系统构建及经验启示［J］.高教探索，2016，32（3）：69-74.

［250］项国鹏，宁鹏，罗兴武.创业生态系统研究述评及动态模型构建［J］.科学学与科学技术管理，2016，37（2）：79-87.

［251］辛翔飞，秦富.我国农业经济增长因素分析及地区差异比较［J］.新疆农垦经济，2005（12）：9-13.

［252］熊果然，黄明海.小贷款"贷动"大民生［J］.中国农村金融，2014，26（24）：87.

[253] 徐小洲,王旭燕.GALCHS 视野下的创业教育生态发展观[J].华东师范大学学报(教育科学版),2016,34(2):16-21+111.

[254] 宣葵葵.生态系统视域下优化高校创业教育生态因子的应然研究[J].黑龙江教育学院学报,2015,31(3):1-3.

[255] 薛永基,贾薇.林农集群创业机理与路径研究[J].北京林业大学学报(社会科学版),2012,11(3):78-82.

[256] 薛永基,卢雪麟.社会资本影响林区农户创业绩效的实证研究——知识溢出的中介效应[J].农业技术经济,2015,34(12):69-77.

[257] 薛永基,马奔.集体林权改革后林区农民生态创业意向影响因素的实证研究——个体特征与环境认知视角[J].林业经济问题,2014,34(101):50-55.

[258] 薛永基,潘焕学.集体林权改革下的林农创业:一个研究框架[J].经济与管理,2011,25(5):14-16.

[259] 薛永基,翟祥.资源获取预期对林农创业意向影响的实证研究——个体心理特征的中介作用[J].农业技术经济,2012,31(7):103-110.

[260] 薛永基.林区农户生态创业及其关键要素研究[J].林业经济,2014,36(6):109-113.

[261] 闫浩.南沟小流域聚居区周边发展探讨[J].现代园艺,2016(04):163.

[262] 严毛新.从社会创业生态系统角度看高校创业教育的发展[J].教育研究,2015,22(5):48-55.

[263] 杨国枢,李亦园,文崇一.现代化与中国化论集[C].台北:台湾桂冠公司,1985:55-62.

[264] 姚飞,高冬雪,孙涛.开放式大学创业生态系统的发展路径与关键要素——美新两国典型案例比较研究[J].比较教育研究,2016,44(1):29-38.

[265] 于伟.基于计划行为理论的居民环境行为形成机理研究——基于山东省内大中城市的调查[J].生态经济,2010,26(6):160-163.

[266] 余晓婷,吴小根,张玉玲,等.游客环境责任行为驱动因素研究——以台湾为例[J].旅游学刊,2015,30(7)49-59.

[267] 俞宁.农民农业创业机理与实证研究[M].杭州:浙江大学出版社,2014.

[268] 袁晓波.提高北方林区造林成活率的方法[J].产业与科技论坛,2012,11(03):71.

[269] 张德成,李智勇,徐斌.国外发展私有林主协会的启示[J].世界林业研究,2009,22(02):12-16.

[270] 张海洋,郝朝艳,平新乔,等.社会资本与农户创业中的金融约束——基于农村金融调查数据的研究[J].浙江社会科学,2015,31(7):15-27+155.

[271] 张宏,黄震方,方叶林,等.湿地自然保护区旅游者环境教育感知研究——以盐城丹顶鹤、麋鹿国家自然保护区为例[J].生态学报,2015,35(23):7 899-7 911.

[272] 张慧.创业生态系统内的种间关系协同模型研究[J].中国商论,2015,24(30):145-147.

[273] 张洁,戚安邦,熊琴琴.吸收能力形成的前因变量及其对企业创新绩效的影响分析——吸收能力作为中介变量的实证研究[J].科学学与科学技术管理,2012,33(5):29-37.

［274］张可，初汉芳，戴彦艳.大学创业教育生态系统的构建研究［J］.科技创业月刊，2016，29（9）：65-66.

［275］张岚东.我国企业集群中的社会资本［J］.现代经济探讨，2003（08）：34-36.

［276］张蕾.实施以生态建设为主的林业发展战略是构建和谐社会的历史选择［J］.绿色中国，2005（06）：9-12.

［277］张莉鑫.大学生绿色创业保障机制研究［D］.济南：山东建筑大学，2016.

［278］张莉鑫.生态价值观影响下的高校绿色创业观探析［J］.中共济南市委党校学报，2015，32（6）：34-36.

［279］张鑫.社会资本和融资能力对农民创业的影响研究［D］.重庆：西南大学，2015.

［280］张秀娥，张梦琪，毛刚.信息生态视角下创业意愿形成机制解析［J］.科技进步与对策，2015，32（7）：18-23.

［281］张秀娥，张峥，刘洋.返乡农民工创业动机及激励因素分析［J］.经济纵横，2010，26（6）：50-53.

［282］张秀娥.创业信息生态平衡机制构建［J］.社会科学家，2016，31（1）：79-84.

［283］张颖，宋维明.基于农户调查的林权改革政策对生态环境影响的评价分析［J］.北京林业大学学报，2012，34（5）：124-129.

［284］张应良，高静，张建峰.创业农户正规金融信贷约束研究——基于939份农户创业调查的实证分析［J］.农业技术经济，2015，24（1）：64-74.

[285] 赵成国,陈莹.政府创业投资引导基金运作管理模式研究[J].上海金融,2008(04):35-39.

[286] 赵德利.友好林区伐根开发利用情况分析及对策[J].林业勘查设计,2013(02):49-51.

[287] 赵頔,陈璐.关于构建高校创新创业人才教育生态系统的探讨[J].中国大学生就业,2015,17(10):48-54.

[288] 赵绘宇.林权改革的生态风险及应对策略[J].法学,2009,60(12):129-137.

[289] 赵建欣,张忠根.基于计划行为理论的农户安全农产品供给机理探析[J].财贸研究,2007(06):40-45.

[290] 赵丽平,邱雯,王雅鹏,等.农户生态养殖认知及其行为的不一致性分析——以水禽养殖户为例[J].华中农业大学学报(社会科学版),2015,60(6):44-50.

[291] 赵曼,刘鑫宏,顾永红.农民工返乡创业发展规律、制约瓶颈与对策思考——基于湖北省15县67名返乡创业者的纪实调查[J].湖北经济学院学报,2008,6(06):68-73.

[292] 郑非.林改后实现山区林农稳定增收的途径分析[J].林业勘查设计,2011(01):13-14.

[293] 郑文松.我国林业生态建设理念之探讨[J].林业建设,2010(01):48-50.

[294] 中国林业发展报告.2009年中国林业发展报告[J].林业经济,2010,32(1):69-77.

[295] 周锦,孙杭生.江苏省农民的环境意识调查与分析[J].中国农村观察,2009,30(3):47-52.

[296] 周菁华.转型期我国农民创业:行为风险及激励——以重庆市为例[D].重庆:西南大学博士学位论文,2012.

［297］周玲强，李秋成，朱琳. 行为效能、人地情感与旅游者环境负责行为意愿——个基于计划行为理论的改进模型［J］. 浙江大学学报（人文社会科学版），2014，44（2）：88-98.

［298］周培岩，葛宝山，陈丹. 公司创业视角下企业知识吸收能力与绩效关系研究［J］. 情报科学，2008，29（10）：1 576-1 579.

［299］朱红根，刘磊，康兰媛. 创业环境对农民创业绩效的影响研究［J］. 农业经济与管理，2015，（01）：15-25.

［300］朱健. 高校创业教育应着力构建创业生态体系［J］. 中国高等教育，2015，51（17）：14-17.

［301］朱清. 居民环境偏好研究［D］. 北京：中国地质大学，2010.

［302］朱秀梅. 高技术企业集群式创新机理实证研究［J］. 管理科学学报，2009，12（4）：75-82.